KB273990

KLPGA 최여진 프로의
센스골프

최여진 **지음**

가림출판사

도움을 주신 분들
이지훈 · 김동욱 · 김순영 · 김지숙 · 이호 · 박소영
· 윤소원 · 강성옥 · 이정현 · 김호정 · 신재환 · 조
도연 · 김준모 · 양승훈 · 김은영 · 권태훈 · 김성욱
· 김승현 · 윤정호 · 박수민 · 최정애 · 김수진 · 박
성훈님을 비롯한 KLPGA 관계자 여러분들
께 감사의 말씀을 드립니다.

골프라는 운동을 시작하면서 골프로부터 자유로웠던 적이 없었지만, 반면에 시간이 흐르면서 점점 골프의 매력에 빠져드는 것도 사실이다.

골프는 끊임없는 자신과의 싸움이며, 자연과의 싸움이다.

이 세상 모든 사람들의 얼굴이 제 각각 다르듯이 골프도 체형에 따라 혹은 스윙에 따라 제 각각 다르다. 중요한 것은 연습을 통해 끝없이 자기 만의 스윙을 만들어 나가고 필드에서 최대한 자기 기량을 실제화 될 수 있게 노력해 나가는 것이다.

지금까지 다양한 골프 관련 책자들이 출간되어 왔다. 그러나 남녀가 따로 구분되어 정확한 길라잡이를 제시한 책은 없었다고 본다. 모든 운동이 그렇듯이 골프 역시 남녀 구분이 없는 듯 하지만 엄밀하게 따지면 신체 조건이나 골프채의 길이 또는 무게, 스윙 등 기초에서부터 기술적인 부분까지 다르다고 볼 수 있다.

그러한 관점에서 본인이 여성으로서 골프를 하면서 느꼈던 애로사항과 노하우를 최선을 다하여 한 권의 책으로 정리를 하였다. 이 책을 통하여 골프를 처음 시작하는 초보자에서부터 싱글을 꿈꾸는 모든 골프 마니아들에게 실질적인 도움을 주고 스코어를 줄일 수 있는 해답을 찾기 바란다.

하지만 끊임없는 연마를 통하여 자신만의 스윙 철학과 스윙을 갖고 골프를 해야만 앞으로 발생하는 여러 가지 고민을 해결 할 수 있을 것이다.

끝으로 나에게 골프를 알게 해주신 부모님과 많은 가르침을 주신 장연택 · 최홍림 프로님, 경희대학교 김승일 · 박영진 · 이정학 · 장재관 교수님, 나의 절친한 친구 강수연 프로와 아낌 없는 응원을 보내 준 후배 김미향 · 김나래 프로에게 감사의 말을 전한다.

2005년 10월 최 여 진

C O N T E N T S

책머리에 | **7**

CHAPTER 01 | **골프의 시작**

한국여자프로골프협회 | 14

스트레칭 | 16

연습장과 연습방법 | 22
- 골프 연습장의 선택 | **23**
- 연습기간과 연습량 | **24**
- 지도자 선택 | **25**
- 실전 라운드 직전의 연습방법 | **26**
- 연습 스윙은 곧 실천이다 | **27**

골프는 멘탈 스포츠 | 28
- 골프는 자신감이다 | **29**
- 포커페이스를 유지하라 | **29**
- 긍정적인 마인드는 자신감을 부른다 | **30**
- 집중이 되지 않을 때 | **31**
- 자신의 장점과 약점을 잘 파악하자 | **31**
- 연습하기 싫을 때 | **32**
- 골프는 이미지를 최우선으로 하는 게임이다
  자신감이 없다면 이미지 트레이닝을 하라 | **32**
- 이미지 트레이닝을 하는 방법 | **33**

CHAPTER 02 | **셋업**

그립 | 36
- 상식으로 알아야 하는 그립의 종류 | **37**
- 방향에 따른 그립의 유형 | **38**

프리샷 루틴 | 40

어드레스 | 46
- 어드레스는 편안하고 볼을 치기 위한 준비 자세를 만드는
  것이다 | **47**

스탠스와 공의 위치 | 48
- 어드레스 때 그립과 몸과의 거리 | **49**

C O N T E N T S

CHAPTER 03 │ 퍼 팅

퍼팅 │ **52**
- 그 립 │ **53**
- 퍼터의 무게감을 느껴보자 │ **54**
- 양 팔을 아래로 늘어뜨린다 │ **55**
- 어드레스 │ **56**
- 쇼트 퍼팅(쇼트 퍼팅은 귀로 홀 인 되는 소리를 듣는다) │ **57**
- 오른손을 사용해서 친다 │ **59**
- 거리감을 느끼고 싶을 때 │ **60**
- 스트로크 익히기 │ **62**
- 그린 읽는 법 │ **64**
- 그린 읽기 준비과정 │ **65**
- 거리감 익히기 │ **67**
- 롱 퍼팅 │ **69**

CHAPTER 04 │ 어프로치

어프로치 │ **72**
- 어프로치 종류 │ **73**
- 자신의 웨지의 로프트 각을 알고 연습하자 │ **73**
- 로프트의 각도와 웨지의 종류 │ **74**
- 러닝 어프로치 │ **76**
- 피치 앤드 런 │ **77**
- 테이크 백 스윙 │ **79**
- 피치 샷 │ **81**
- 로브 샷 │ **82**

CHAPTER 05 │ 스 윙

정확한 아이언 │ **86**
- 어드레스 │ **87**
- 일정한 스윙 만들기 │ **88**

C O N T E N T S

- 정확한 스윙 만들기 | **91**
- 정확한 방향 만들기 | **92**
- 올바른 리듬 익히기 | **94**
- 정확하게 볼 맞추기 | **95**

임팩트 | **96**
- 클럽 페이스의 바깥쪽에 맞는 경우 | **97**
- 클럽 페이스 안쪽에 맞는 경우 | **98**

페어웨이 우드 | **100**
- 페어웨이 우드 스윙 | **101**

드라이버 | **104**
- 바른 티 높이가 중요하다 | **105**
- 안정적인 어드레스 | **106**
- 타깃을 정확히 겨냥한다 | **107**
- 스윙 전에 왜글로 긴장을 풀어라. 왜글 동작은 좋은 습관이다 | **108**
- 테이크 어웨이 | **110**
- 빠른 테이크 어웨이를 고치는 방법 | **112**
- 백 스윙 | **113**
- 톱 스윙 | **116**
- 다운 스윙 | **117**
- 임팩트 | **119**
- 팔로 스윙 | **120**
- 피니시 | **123**

슬라이스 | **124**
- 그립을 점검하라 | **125**
- 어드레스 때 클럽 페이스가 열려 있는지 항상 확인하자 | **126**
- 보다 강한 그립을 해라 | **130**
- 양 발과 어깨, 눈을 직각으로 목표를 겨냥한다 | **131**
- 볼의 위치와 어드레스 간격을 점검하자 | **132**
- 스윙을 끝까지 유지시켜 피니시를 꼭 하는 습관을 기르자 | **133**

훅 | **136**
- 어드레스 때 클럽 페이스가 닫혀 있는지 항상 확인하자 | **137**
- 강한 그립을 잡으면 클럽 페이스가 닫힌다 | **137**

**** 9가지의 비행궤도** | **140**

C O N T E N T S

CHAPTER 06 | 트러블 샷

벙커 | **144**
- 벙커에서 가장 먼저 해야 하는 일 | **145**
- 핀과 약간 멀리 있을 경우 | **146**
- 벙커 샷에서의 연습방법 | **148**
- 벙커 오른발 내리막 | **149**
- 벙커 왼발 내리막 | **150**
- 에그 플라이 벙커에서의 어드레스 때 클럽을 닫아 둔다 | **151**

경사에서 치는 법 | **154**
- 내리막 경사에서의 샷 방법 | **155**
- 오르막 경사에서의 샷 방법 | **156**

트러블 샷 | **162**
- 눈 앞에 놓인 나무들 | **163**
- 디봇 자국 | **163**

바람에 강해지는 방법 | **164**
- 맞바람이 불 때 | **165**
- 뒷바람이 불 때 | **167**
- 슬라이스로 바람이 불 때 | **169**
- 훅으로 바람이 불 때 | **170**

러프 | **172**
- 러프 위에 떠 있는 볼 | **172**
- 러프 안에 박혀 있는 볼 | **173**
- 러프에 볼이 빠졌을 경우 | **174**

CHAPTER 07 | 골프의 패션

옷을 잘 입으면 볼도 잘 칠 수 있다 | **176**
- 골프 웨어 | **177**
- 여름철 라운딩 | **178**
- 피 부 | **180**
- 선글라스 | **182**
- 겨울철 라운드 | **183**
- 비가 올 때 준비물 | **184**

Beginning of Golf

CHAPTER 01
골프의 시작

　한국여자프로골프협회(KLPGA : Korea Ladies Professional Golf Association)는 1978년 8명의 창립 멤버에 의해서 창설되었다. 1988년에는 KPGA로부터 독립을 하였으며, 공식적으로 KLPGA로 불리게 되었다. 창설이래 현재까지 26년의 역사와 전통을 자랑하고 있는 KLPGA는 정회원, 준회원을 포함한 758명의 여자프로골퍼를 회원으로 보유하고 있는데, 주로 투어 프로와 티칭 프로에 종사하고 있다. 골프여왕 박세리를 비롯하여 얼짱 신드롬을 일으킨 바 있는 안시현, 강수연, 박소영 등 많은 스타 선수들이 소속되어 있다. KLPGA 소속 프로들은 유행을 선도하며, 자신감 있고 능력 있는 현대 여성을 대표하는 오피니언 리더로서 그들의 패션과 라이프 스타일은 일반 여성들의 선망의 대상이 되고 있다. KLPGA는 KLPGA 투어, 드림 투어, 시니어 투어 등 3개의 골프 투어를 주관하고 있다.

KLPGA 투어

KLPGA 투어는 KLPGA 정회원이 참가하는 메이저 투어이다. 박세리 · 강수연 · 한희원 · 안시현과 같이 지금은 미국에서 활동하는 스타 선수들도 KLPGA 투어 출신들이며, 해마다 최소 2개 이상의 국내 대회에 초청자격으로 참가를 하고 있다. 현재는 젊은 스타 선수들이 국내 투어를 이끌고 있다.

드림 투어

드림 투어는 준회원들의 경기력 향상과 유망주 발굴을 목적으로 2000년에 처음 출범하였다. 정회원, 준회원 모두 시드 순위전을 통해 참가 순위가 부여되며 상금랭킹 3위 이내를 기록하면 준회원일 경우 정회원 자격 부여와 다음해 KLPGA 투어 풀 시드권, 정회원일 경우 다음해 KLPGA 투어 풀 시드권이 주어진다. 또한 5개 대회를 모두 참가하고 평균 75타 이내를 기록하면 준회원에서 정회원의 자격이 주어진다. 예비 스타들의 경연장이자 KLPGA 투어 스타의 산실로 자리잡은 드림 투어는 해외에서 왕성한 활동을 하고 있는 안시현, 배경은, 이선화 선수를 배출하였으며 국내 무대에서 활동하고 있는 전미정, 김나리, 윤지원 등도 주요 출신 선수이다.

시니어 투어

2004년에는 이동수F&G를 투어 타이틀 스폰서로 영입하여, 국내 남녀 통틀어 골프 역사상 최초로 총상금 1억 2천만 원 규모의 시니어 투어를 출범하였다. 만 42세 이상(1963년 이전 출생자)의 KLPGA 정회원과 준회원 및 일반 아마추어가 참가할 수 있다. 미국 PGA 투어의 페이블비치 프로암 대회와 비슷한 형식의 대회로서 아마추어에게 실제 프로 경기를 경험할 수 있는 기회를 제공하고 있다.

스트레칭

스트레칭은 다른 운동종목에서와 마찬가지로 골프에서도 보다 더 효과적인 골프 스윙을 할 수 있도록 도와준다. 근육의 유연성을 기르기 위하여 운동 전후에 하는 적절한 스트레칭은 근육의 손상 및 부상을 예방하며, 나아가 즐거운 골프를 할 수 있는 중요한 요소가 된다. 연습과 라운드 전 준비운동과 라운드 후 정리운동을 규칙적으로 실행하면 효과적으로 골프 스윙을 할 수 있고, 스코어도 줄일 수 있으며, 사고의 위험이나 부상의 위험을 미리 예방할 수 있다.

사고의 위험이나 부상의 위험을 미리 예방하기 위해 준비운동을 한다

대부분의 사람들은 운동 전에만 스트레칭을 한다. 그러나 운동 후에도 스트레칭은 꼭 필요하다. 운동 후에는 골프 스윙으로 인해 신체가 많은 스트레스를 받은 상태이기 때문에 근육이나 관절이 뭉쳐 있다. 그러므로 운동 전도 중요하지만 운동 후 근육의 피로가 느껴지는 부분을 집중적으로 스트레칭 하면 더욱 효과적이다.

1 손목 스트레칭

오른손으로 가볍게 왼쪽 손등을 잡는다. 그리고 천천히 몸쪽으로 당기면서 바깥쪽으로 돌려준다. 끝나면 반대 부위를 해준다. 양 팔을 앞으로 나란히 편 상태에서 왼쪽 손바닥이 몸의 밖으로 향하도록 하고, 왼팔의 팔꿈치가 굽혀지지 않도록 한다.

2   삼두박근 스트레칭

몸을 똑바로 선 자세에서 발의 보폭을 어깨넓이보다 약간 더 넓게 벌린다. 한쪽 팔을 머리 위로 하여 팔꿈치를 반대측 손으로 잡으며, 팔꿈치를 머리 뒤로 부드럽게 당긴다. 좌우 각각 10초 동안 스트레치를 유지한다.

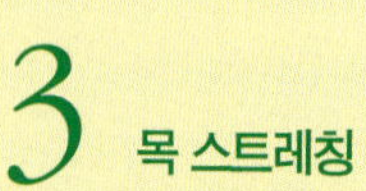

3   목 스트레칭

어깨를 똑바로 편 채로 바르게 서서 오른손으로 왼쪽 머리를 감싸며 오른쪽 방향으로 지그시 당긴 후 5~10초간 그대로 머문다. 끝나면 반대편도 같은 방법으로 해준다. 이 때 주의할 점은 당기는 쪽으로 어깨가 따라가거나 목이 틀어지지 않도록 해야 한다.

허벅지 뒤쪽과 허리 스트레칭

오른쪽 다리 위에 왼쪽 다리를 교차시킨다. 손을 아래로 편안하게 내린다. 무릎을 편 상태에서 상체를 아래로 지그시 굽힌다. 20초 동안 스트레치를 유지한다.

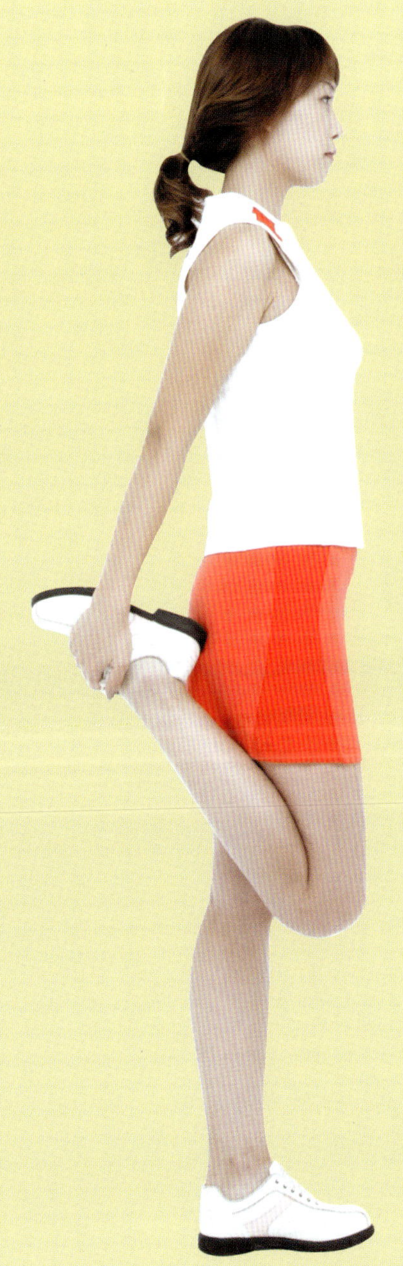

4 허벅지 뒤쪽의 스트레칭

몸을 똑바로 세운 자세에서 균형을 잡는다. 오른손으로 발등을 잡고 뒤꿈치를 엉덩이 쪽으로 올려준다. 이 때 허벅지 앞쪽이 이완되는 느낌이 들어야 한다. 끝나면 반대 부위를 한다. 이 때 몸이 앞쪽으로 굽히지 않도록 반듯한 자세를 유지하면서 스트레치를 해야 한다.

6 어깨 스트레칭

왼팔을 앞으로 펴고 오른팔로 왼팔을 감싼다. 그대로 오른
편 몸쪽으로 감싼 팔을 당긴 후 5~10초간 머문다. 이 때
목은 몸과 반대 방향을 향한다. 끝나면 반대편도 같은 방
법으로 스트레치를 한다.

7 다리 스트레칭

한 발만 크게 앞으로 내밀면
서 무게중심을 점점 앞쪽 다
리의 허벅지 쪽으로 옮긴다.
그 상태로 5~10초간 머문
다. 끝나면 반대편도 같은 방
법으로 한다.

8 척추의 측면부위 근육의 스트레칭

벽에서 30~50cm 떨어진 위치에서 등을 벽쪽을 향하게 하여 선다. 무릎은 약간 굽히고 보폭은 어깨넓이로 양 발끝은 정면을 향하게 한다. 손이 어깨 높이에 있는 뒷벽에 쉽게 닿을 때까지 상체를 서서히 돌려 15초 동안 이 자세를 유지한다. 다시 처음 자세로 돌아온 후 반대 방향도 같은 방법으로 한다. 무릎에 문제가 있다면 스트레치를 천천히 주의 깊게 실시한다.

연습장과 연습방법

　골퍼들에게 있어서 절대적으로 필요한 것은 꾸준한 연습이다. 효율적인 골프 연습을 하기 위해서는 연습이 즐거워야 한다. 연습이 즐겁지 않다면 연습하기를 좋아할 사람은 아마 없을 것이다.

　또한 자신감은 골프에 있어서 매우 중요한 것이다. 연습을 통하여 자신감을 잃어간다면 연습을 하지 않는 것만 못하다. 자신감을 가지기 위해서는 올바른 연습과 지도자가 무엇보다 중요하다.

골프 연습장의 선택

골프라는 게임에 대해서 TV, 잡지, 신문 등을 통해서만 알았다면, 실질적인 기술을 습득하기 위해서는 이제부터 골프 연습장에 등록하여 실력을 연마해야 한다.

골프 연습장을 선택하는 일은 입문자에게는 골프의 첫 단추를 끼우는 것이니만큼 신중을 필요로 한다.

실내 및 실외연습장 어느 곳에서부터 먼저 시작해야 한다는 원칙은 없다. 그러나 두 곳 모두 기능적인 특징이 있기 때문에 한 번 살펴보고 선택하는 것이 중요하다. 입문자라면 정확한 스윙을 배우기에는 실내연습장이 좋다고 할 수 있다. 실외연습장에서의 경우, 스윙이 완성되지 않는 상태라도 볼을 멀리 치고 싶은 마음 때문에 헤드 업을 범하기 쉽다. 그러나 실내연습장은 볼이 날아가는 것을 볼 수 없기 때문에 스윙 궤도나 임팩트 등 정확한 스윙을 체계적으로 배우기에 적합하다. 실외연습장에서도 할 수 있지만 환경 여건으로 볼 때 실내가 더 유리하다는 것이다. 그러므로 입문자라면 실내연습장에서 최소 한 달 정도는 충분히 스윙을 배운 후 실외로 옮겨 구질을 파악하거나 필드 경험을 쌓으라고 권하고 싶다.

입문자들은 한 연습장에서 적어도 3~4개월은 꾸준히 레슨을 받아야 한다. 아무리 좋은 레슨 프로가 있다 해도 회사나 집에서 거리가 멀면 무용지물이다. 골프 연습장은 우선 가까운 곳을 찾아야 한다. 쉽게 드나들 수 있어야 연습하는 습관을 기를 수 있기 때문이다. 오고 가는 시간이 많으면 연습에 소홀해지기 쉬우므로 집이나 회사에서 가까운 곳이 연습의 연속성을 위해 좋다는 점을 다시 한 번 강조하고 싶다.

Point *** 가까운 연습장을 선택하자.

연습기간과 연습량

개인의 능력이나 열성에 따라 상황은 다르지만 최소한 3~4개월은 꾸준히 배워야 스윙 메커니즘을 스스로 이해할 수 있게 된다. 골프는 반복과 감각을 잃지 않는 것이 중요하기 때문이다.

한 번의 멋진 샷을 위해서는 12번을 연습하고, 하루의 멋진 게임을 위해서는 1천 번의 연습이 필요하며, 습관을 만들기 위해서는 3만 번의 반복이 필요하다.

골프는 일상에서 쓰지 않는 근육을 사용하기 때문에 며칠 동안 연습을 중단하면 금세 감각이 무뎌진다. 그만큼 골프는 근육의 기억운동이기 때문에 '습관이자 버릇'이 되도록 꾸준히 연습해야 한다.

하루에 많은 볼을 쳤다는 것은 그리 중요하지 않다. 얼마나 규칙적으로 연습을 하느냐가 가장 중요하다. 하루에 1천 개의 볼을 치고 3~4일 휴식하는 것보다는 하루에 1백 개씩 매일 연습하는 것이 100배 효과가 있다는 점을 명심하자.

Point ★★★ **연습장에서 연습할 때의 요령** 1층은 어프로치를 위주로 연습을 하는 것이 좋다. 우리 나라 골프 연습장의 대부분은 오르막으로 만들어져 있기 때문에 1층에서 드라이버나 롱 아이언을 연습하게 되면 위로 쳐드는 스윙을 하게 된다. 드라이버나 긴 롱 아이언을 칠 때는 2층이나 3층, 즉 최대한 평지로 보이는 곳에서 연습하는 요령이 중요하다. 그리고 무엇보다 매일 연습하는 것이 100배의 효과가 있다.

지도자 선택

사람의 얼굴이 제각각이듯 스윙도 사람마다 다르기 마련이다. 골프를 가르치는 스타일도 천차만별이다. 처음 클럽을 잡은 몇 달 동안은 골퍼들이 평생 가져갈 얼굴을 만드는 시기이고, 3~4개월이면 기본이 다 형성되기 때문에 제대로 된 얼굴을 만들기 위해서는 처음에 좋은 지도자를 만나는 것이 중요하다. 레슨은 주어진 여건 아래서 최대한의 효율을 끌어낼 수 있는 것이어야 한다. 처음 골프에 입문하는 골퍼는 연습장에서 시간을 보내야 한다. 이 때 탐색전을 벌여 지도자를 선택해야 하는데 되도록이면 자신과 체형이 비슷하고 프로 스스로의 커리큘럼을 가지고 있으며, 각종 도구를 이용해 가르치는지, 궁금증에 대한 해답이 명쾌하고 과학적인지, 주위의 평판은 어떤지 철저히 체크해야 한다. 지도자와 골퍼

의 체형이 비슷해야 하는 이유는 골퍼가 지도자를 모델 삼아 따라 하기 쉽기 때문이다. 또 커리큘럼과 도구를 이용한 레슨은 체계적인 학습을 위한 기본적인 사항이다. 이렇게 해서 선택한 지도자라면 그 지도자의 레슨에 대해서 신뢰해야 한다. 앞에서도 이야기했듯이 지도자에 따라 레슨 형식은 천차만별이다. 일단 레슨을 의뢰했다면 지도자를 믿고 따라야 한다.

Point *** 레슨을 받는 사람은 지도자를 믿고 신뢰해야 한다.

실전 라운드 직전의 연습방법

라운드 전에 긴장을 풀고 양 손의 감각을 확인하는 데 집중한다.

라운드 전에 최대 50~60개 정도의 볼을 쳐보며, 웨지에서 시작하여 홀수 번호 아이언 또는 짝수 번호 아이언으로 점점 더 긴 클럽까지 샷을 진행시켜 나간다. 즉 홀수 번호일 때 9번, 7번, 5번 아이언과 같은 식이다. 그리고 드라이버로 마지막을 장식한 뒤 연습 그린으로 가서 퍼팅을 한다.

연습 스윙은 곧 실전이다

  항상 볼을 치기 전에 연습 스윙을 한다.
  하지만 대부분의 골퍼들은 연습 스윙의 중요성을 모르고 별 의미 없이 스윙을 하는 경우가 많다. 연습 스윙은 더 나은 실력을 위해 매우 중요하다. 항상 실전이라는 생각을 가지고 해야 한다. 만약 목표방향을 설정하였다면 연습 스윙을 통해 내가 보내고자 하는 방향으로 스윙을 해보도록 한다. 긴 클럽으로 거리를 내는 것이 목적이라면 스윙 리듬으로 연습을 해야 하고, 방향이 목적이라면 헤드가 나가는 방향을 생각하며 연습을 해야 한다. 그리고 거리감이 없는 골퍼라면 연습 스윙을 통해 거리감을 느껴보는 것이 좋다. 예를 들면 '이 정도의 스윙으로 치면 되는구나.' 라는 식으로 느낌을 가지면서 연습을 하면 실전에서 보다 자신감있게 볼을 칠 수 있을 것이다. 즉 연습 스윙을 하면서 자신만의 스윙을 만들어 나가는 것이 가장 중요하다.

골프는 멘탈 스포츠

"골프는 걸으면서 생각하는 운동이다."

언제나 좋은 스코어를 내는 것은 골프에서 매우 어려운 과제이다. 어느 날은 마음먹은대로 경기가 잘 풀려 가지만 어느 날은 경기가 마음먹은대로 풀리지 않는 경우도 많다. 경기가 잘 풀리지 않는다고 실망하거나 좌절해서는 안 된다. 경기의 승리를 좌우하는 것은 심리 작용과 정신력이기 때문이다. 골프는 10%의 기술과 90%의 정신력으로 이루어진다.

평소 연습 때는 좋은 스윙으로 굿 샷을 치던 골퍼가 코스에 나가면 제 실력을 발휘하지 못하고 번번히 최악의 스코어를 치는 경우가 많다. 이것은 기술에 문제가 있는 것이 아니라 심리적으로, 정신적으로 문제가 있기 때문이다. 경기 중에는 연습 때와 달리 정신적으로 엄청난 압박을 받기 때문에 긴장 속에서 경기를 치르게 된다. 경기가 순조롭게 풀릴 때는 별 문제가 없지만 순간의 실수로 스윙이 무너지면 한동안 제 페이스를 찾지 못한다.

지나간 실수를 빨리 잊고 볼에 집중하는 것이 현명한 방법이다. 하지만 대부분의 골퍼들은 이 사실을 알면서도 쉽사리 잊지 못하는 것이 문제이다.

골프는 기다리면서 생각할 시간과 여유가 있기 때문에 많은 생각으로 인해 실수를 연발하기도 한다. 잡다한 생각은 집중력을 떨어뜨리고 자신감을 잃게 만들기 때문에 초조함과 불안감에 휩싸인다. 이러한 위기를 잘 싸워 이기는 것을 정신력이라 말할 수 있다.

정신력이 강한 골퍼는 어떤 상황에서도 자신감을 잃지 않으며, 초반에 게임이 잘 풀리지 않더라도 끝까지 포기하지 않는 인내심이 있고 위기를 맞아도 당황하지 않고 집중력을 발휘한다. 이와 반대로 정신력이 약한 골퍼는 한 두 번의 실수로 마음이 흔들리기 시작하면서 집중력이 무너지고 자신감을 쉽게 상실하고 만다. 평소와 똑같은 마음으로 경기를 풀어 나간다면 누구나 좋은 점수를 낼 수 있을 것이다. 어떠한 상황에서도 이를 극복하고 샷에 충실할 수 있는 정신을 바로 멘탈 스포츠라고 한다.

골프는 자신감이다

자신감이란 말 그대로 나 자신을 믿는 것이다.

자신감은 내 마음속에 있다.

골프에서 과다한 기대는 부담을 안겨준다. 어떠한 경우라도 평상시의 마음을 유지하고 그 마음으로 플레이 하는 것이 중요하다.

자신감이란 '자신에게 주어진 과제를 성공하거나 성취할 수 있다는 확신'을 의미한다. 즉 어떠한 상황에서도 자신감을 갖고 자신이 목표로 설정한 스코어를 만들어 승리할 수 있다는, 스스로에 대한 확실한 믿음이다. 자신감이 강한 선수들은 상황이 불리해진다 해도 경기가 끝날 때까지는 결코 포기하지 않고 긍정적인 생각과 집중력을 유지한다. 이러한 자신감은 끊임없는 노력과 과거의 성공경험, 주변인들의 칭찬과 격려, 그리고 경기 당일의 생리적인 컨디션을 통해 자신의 능력을 확신할 수 있을 때 강해진다. 그리고 자신감은 심리기술훈련을 통하여 유지하고 증진시킬 수 있다. 자신감이란 자기 실현의 에너지와 같은 것이다. 자신감을 키우면 매 경기마다 한층 더 안정된 실력을 발휘할 수 있을 것이다.

포커페이스를 유지하라

일반적으로 아마추어는 샷에 따라서 감정이 좌우된다. 그러나 그것은 잘못된 것이다. 강한 자신감은 위기에 몰렸을 때 샷을 편하게 만들고, 공에 집중할 수 있게 한다. 보통 골퍼들은 라운드 하면서 샷 하나에 만가지 표정이 교차하는 것을 볼 수 있을 것이다. 자신과의 싸움에서 이기지 못한다면 자신감도 생길 수 없다. 항상 자신의 표정을 숨길 줄 알아야 하고, 마음을 다스려야 한다. 이번에 실수했다고 포기해버리면 전체 라운드를 망칠 수 있다. 미스 샷을 했을 경우, 최대한 빨

연습하기 싫을 때

　매일 같이 반복되는 단조로운 연습은 골퍼들에게 심리적 권태감과 싫증을 느끼게 할 수도 있다. 이를 해결하는데 재미있는 연습방법을 이용하는 것도 매우 중요하다. 예를 들면, 좋아하는 클럽으로 자신감을 만들거나, 좋아하는 코스를 머릿속에 그리면서 한 라운드를 도는 방법도 좋은 방법 중에 하나이다. 이미지 라운딩을 돌면 모든 클럽을 사용하면서 연습을 할 수 있으므로 지루함을 없앨 수 있다.

골프는 이미지를 최우선으로 하는 게임이다
자신감이 없다면 이미지 트레이닝을 하라

　이미지는 연습의 일부이다. 또, 이미지 트레이닝은 심상훈련이라고도 한다. 실제동작을 하지 않지만 스윙 동작을 머릿속에 그려보는 것을 말한다. 자신이 할 미래의 경기장면을 상상하고 실제로 자신에게 일어날 수 있는 여러가지 상황을 머릿속에 성공적으로 그려 내면 '실제화 되는' 효과가 있다. 통제된 마음상태와 실제동작을 하면서 자신감을 키우는 방법이다.

이미지 트레이닝을 하는 방법

　자연스런 이미지를 당신의 머릿속에 그려라. 이것은 굿 샷을 치기 위한 결정적인 요소이다.

　먼저 자신이 성공적인 라운딩을 하는 모습을 머릿속에 그린다.

　홀 컵에 홀 인시키고, 멋진 스윙을 하고, 벙커 샷을 멋지게 쳐내는 모습, 눈을 감고 실제 스윙 할 때의 몸의 움직임, 클럽의 움직임, 임팩트 순간 느끼는 촉감, 느낌 등을 상상하면서 스윙을 완성한다. 코스에서나 연습장에서 자신이 하는 스윙의 감각, 감촉, 기분을 머릿속으로 그려보고 실패한 스윙, 전략 등은 다시 재점검하는 습관을 기른다.

Beginning of Golf

CHAPTER 02
SET-UP
셋업

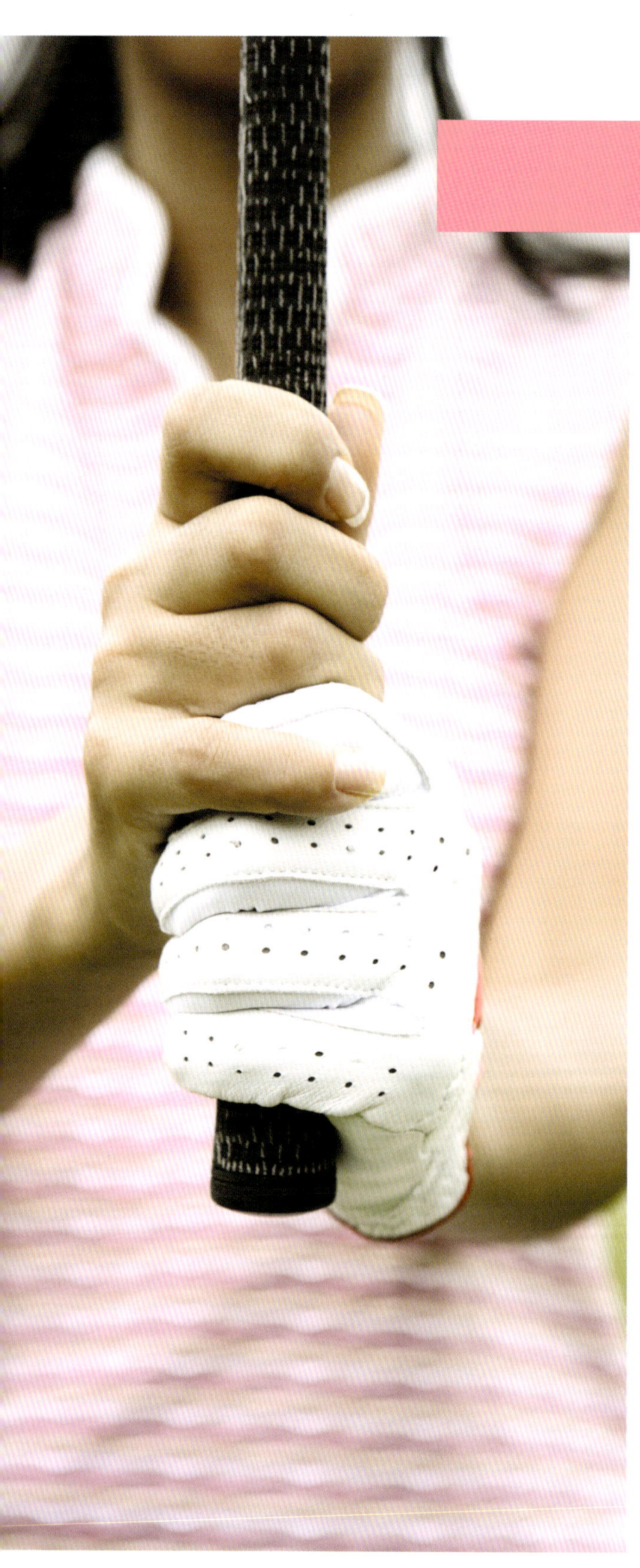

그립

그립은 모든 샷의 기본이자 스윙의 가장 중요한 동작이다. 정확한 그립은 완벽한 샷으로 갈 수 있는 지름길이다. 18홀 라운드를 돌면 평균적으로 72번 이상 그립을 잡지만 가장 소홀이 다루는 부분이기도 하다.

그립은 너무 강하게 쥐는 것보다는 견고하게 잡는 게 좋다. 스윙을 하는 동안 클럽이 돌아가지 않을 정도로 쥐는 것이 좋으며, 또 그립과 손가락 사이에 틈이 생기지 않도록 쥔다.

그립은 매번 점검하는 습관을 기르는 것이 좋다. 연습장에서 연습할 때에는 매번 샷을 하기 전에 항상 의식적으로 그립을 점검하도록 하자.

오버래핑 그립

대부분의 프로와 아마추어 골퍼들이 선호하는 그립이다. 손이 크고 손가락의 근력이 좋은 사람에게 좋다.

인터로킹 그립

손이 작거나 손가락이 짧고 손가락의 근력이 강하지 않은 사람들이 사용하는 그립으로 안정감이 있고 두 손의 일체감을 느끼고 싶은 골퍼와 손에 힘이 없는 여성들이 많이 사용한다. 두 손에 일치감을 주는 장점이 있으나 손가락을 지나치게 깊이 끼울 경우 손목의 동작을 제한할 수 있다.

베이스볼 그립

백 스윙의 길이가 짧고 손가락의 근력이 부족한 사람들에게 좋은 그립이다. 초보자와 어린이, 여성들에게 가장 자연스럽고 편한 그립이다. 그립의 많은 부분을 손으로 덮을 수 있기 때문에 큰 힘을 발휘할 수 있으나 오른손을 많이 쓰게 되는 경향이 있다.

스퀘어 그립

양 손이 서로 마주보는 스트레이트 볼
을 치기 위해서 가장 많이 선호하는 그
립이다.

‹‹‹ 오른손이 강한 그립

왼손은 손등 손마디가 3개 정도 보일 수 있도록 왼손을 돌려 잡고, 오른손은 스퀘어 그립보다 조금 오른쪽으로 돌려 잡는 그립이다. 훅 볼이 나타나기 때문에 슬라이스나 푸시 슬라이스 구질이 나오는 경우 이런 그립을 잡는 것이 좋다.

오른손이 약한 그립 ›››

왼손의 손등 손마디가 2개 정도 보이면서 오른손을 왼쪽으로 많이 돌려 잡는 약한 그립이다. 슬라이스 볼이 나타나기 때문에 훅이나 드로 구질이 나오는 경우 이런 그립을 잡는 것이 좋다.

프리샷 루틴

프리샷 루틴

　자신만의 프리샷 루틴을 가지고 있지 않는 골퍼들을 보면 어드레스 때 시간이 길거나 더욱 긴장하게 되어 온몸이 경직된다. 특히 입문자들에게 이런 경우가 많다. 좋은 스윙을 하는 것도 중요하지만 자신의 프리샷 루틴을 가지고 있어야 한다. 프리샷 루틴을 가지고 있지 않은 골퍼들은 타이밍 리듬 템포를 조절하기가 힘들다. 또한 일정한 샷을 구사할 수 없다.

　일정한 프리샷 루틴을 갖게 되면 샷을 하기 전 볼 앞에 섰을 때 몸의 긴장감이 없어지고 스윙이 리듬을 갖는다. 몸의 긴장감을 풀면서 왜글을 해주는 것도 좋은 습관이다.

1 목표 방향을 설정한다
볼의 2~3m 뒤에서 목표 방향을 설정한다.

2 볼을 보낼 방향을 생각하며 스윙을 그린다.
목표방향을 생각하면서 연습 스윙을 한다.

3
클럽 페이스를 목표방향
에 맞춘다.
목표방향에 맞추어 볼을
조준한다. 볼 앞에 있는
나뭇가지나 나뭇잎 또는
자신이 알아볼 수 있는
임의의 지점을 목표지점
으로 정한다.

4 어드레스를 취한다.
어깨와 팔, 허리, 무릎, 그리고 양
발을 목표방향에 맞추어 선다.

5 부드럽게 스윙을 한다.
몸의 긴장감을 풀기 위해
왜글을 한 다음 스윙을 시
작한다.

어드레스

어드레스는 기본자세이다. 어드레스를 정확하게 하는 것이 스코어를 줄일 수 있는 방법 중 하나이다. 그만큼 어드레스는 중요하다.

모든 운동의 시작은 힘의 분배이다. 특히 골프는 힘의 분배를 잘해야 한다. 어느 한쪽으로 힘이 치우쳐도 안 되고 들어가서도 안 된다. 자연스런 스윙을 하기 위해서는 절대적으로 힘을 빼는 게 중요하다.

어드레스를 보면 그 사람의 핸디캡을 가늠할 수 있다. 아마추어 골퍼 중에 미스 샷을 하는 사람이 있는데 잘못된 어드레스를 취하는 사람이 많기 때문이다. 어드레스를 취한 뒤 스윙을 시작하게 되면 컨트롤하기 어려우므로 보다 정확하고 신중한 어드레스가 필요하다. 대부분의 골퍼들은 첫 티잉 그라운드에 올라가 티에 볼을 올리고 어드레스를 취한 뒤 곧바로 샷을 시작한다. 성급한 어드레스는 결코 좋은 샷을 기대할 수 없다. 연습장에서 연습할 때에도 어드레스를 하는 시간을 충분히 가지는 것이 중요하다. 그런 연습훈련은 실전에서도 좋은 자세로 볼을 칠 수 있고, 편안한 스윙으로 티잉 그라운드에 올라갈 수 있을 것이다.

어드레스는 편안하게 볼을 치기 위한 준비 자세를 만드는 것이다

어드레스 때 몸의 균형은 매우 중요하다. 골프 스윙에서 몸의 균형을 잡지 못한다면 좋은 샷을 할 수가 없다. 정확하고 안정된 준비자세를 취하기 위한 연습이 중요하다.

등은 펴야 하고, 상체는 많이 굽히지도 펴지도 않아야 하며, 엉덩이는 너무 뒤로 빼거나 들어주지 않는 게 좋다. 체중은 양 발에 안정되게 배분하고, 무릎은 약간 굽힌다. 이렇게 하면 하체에 힘이 많이 들어가서 부드러운 스윙을 구사할 수 없게 되고, 몸이 회전하는 동시에 팔의 움직임을 위한 공간을 제공하지 못해 전체적으로 동작을 이끌어 나갈 수 없다. 또 다운 스윙 때 원형의 스윙 궤도를 타원형으로 변형시키기 때문에 미스 샷이 생긴다. 따라서 평상시 정확하고 안정된 어드레스를 취하는 연습이 중요하다.

올바른 자세

잘못된 자세

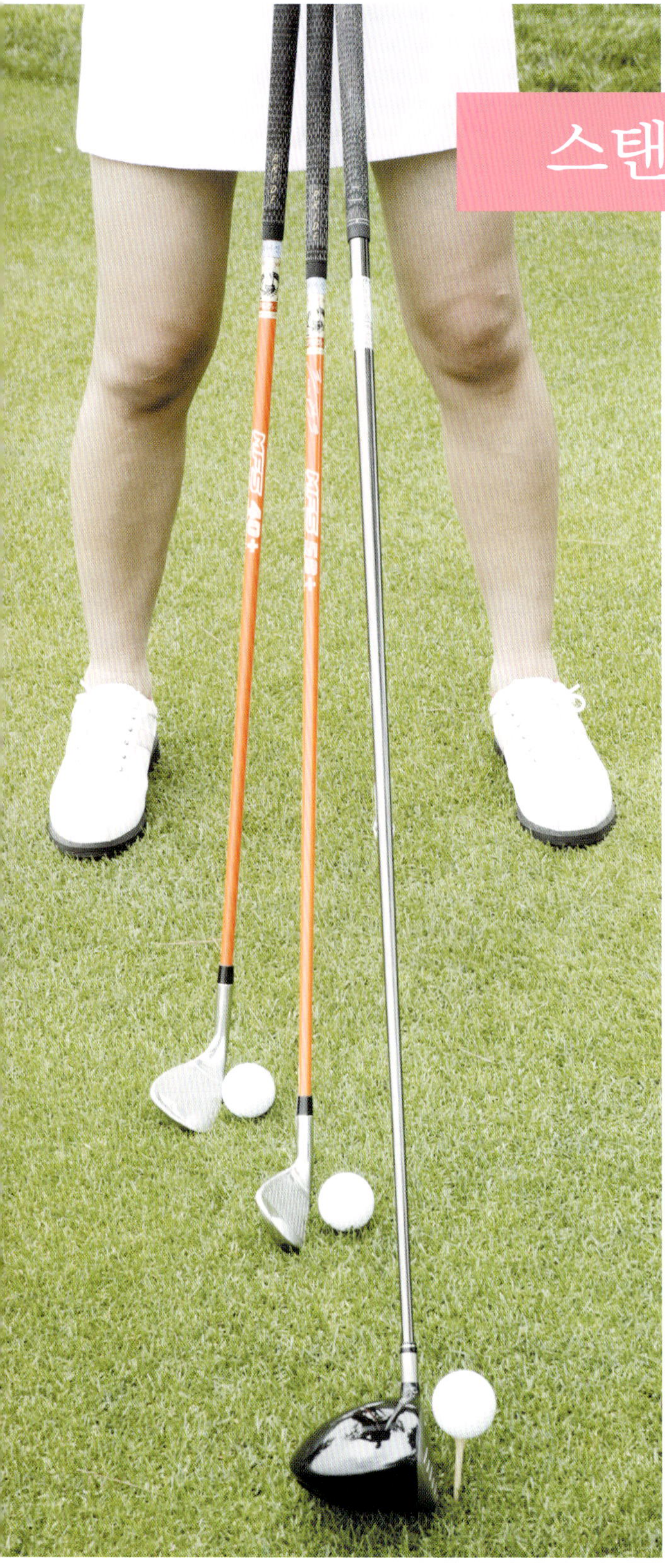

스탠스와 공의 위치

스탠스는 스윙 동작을 하기 위해 중심을 제대로 버틸 수 있는지를 판단하는 중요한 역할을 한다. 너무 넓은 스탠스와 너무 좁은 스탠스는 백 스윙이나 팔로 스윙을 할 때 축의 중심을 발로만 버틸 수 없기 때문에 견고한 스탠스가 중요하다.

클럽이 길고, 스윙 아크가 길수록 발은 넓게 벌려야 하고, 클럽이 짧고 스윙 아크가 작을수록 양 발은 가깝게 있어야 한다.

드라이버의 경우, 어깨넓이와 같게 또는 좀 더 넓게 서도 좋다. 볼은 왼발 뒤꿈치에 둔다. 미들 아이언의 경우에는 어깨넓이보다 양 발의 중앙에 둔다. 쇼트 아이언이나 웨지의 경우에는 양 발의 중앙에서 약간 오른쪽에 볼을 둔다.

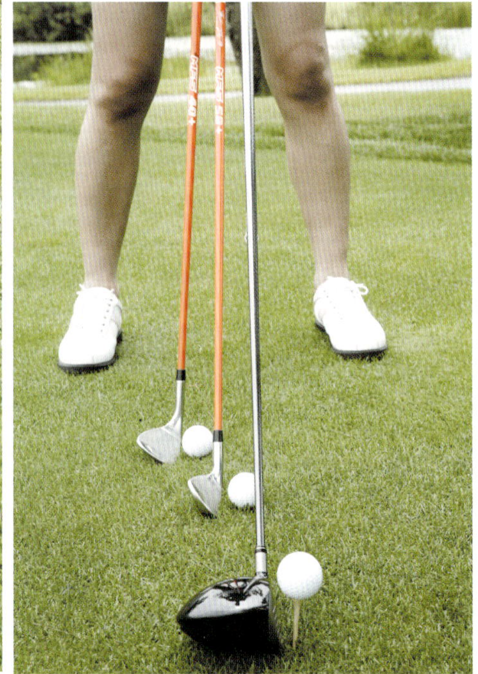

어드레스 때 그립과 몸과의 거리

손으로 몸과의 거리를 확인한다.
어드레스 때 그립과 몸과의 거리
는 슬라이스 또는 훅의 원인이 되
기도 한다. 그립이 몸에서 멀리 떨
어져 있는 경우 임팩트 순간 볼이
페이스의 토우(바깥쪽)에 맞게 된
다. 한편 가깝게 있는 경우는 반대
의 결과가 발생된다. 가장 이상적
인 몸과 그립의 간격은 자신의 한
손이 자유롭게 움직일 수 있는 정
도의 거리이다.

Beginning of Golf

CHAPTER 03
Putting
퍼팅

퍼팅이란 그린에서 퍼터를 이용하여 볼을 굴려서 홀에 넣는 것을 말한다. 골프 스윙이 다양하다고 말하지만 퍼팅 하는 것만큼 다양하지는 않다. 그 이유는 퍼팅이야말로 '감'을 가지고 하는 것이기 때문이다. 하지만 퍼팅 역시 기본을 알아야 자신만의 방법을 터득할 수 있다.

골프를 치는 사람은 다 알겠지만 골프에서 퍼팅이 차지하는 비중은 다른 어떤 것보다 높다. 통계에 따르면 골프 스코어의 68%가 쇼트 게임에서 이루어지면 그 중에서 퍼팅이 전체 스코어의 43%를 차지한다고 한다. 따라서 골프 스코어를 줄이는 가장 좋은 방법이 있다면 그것은 바로 퍼팅 기술을 향상시켜 실수를 줄이는 것이다.

그 립

그립도 이론과 상관없이 자신에게 편한 그립이면 된다. 그러나 양 손의 밸런스를 유지하는 것은 반드시 필요하다.

양 손의 밸런스가 나쁘면 스트로크 중에 클럽 헤드의 궤도가 흔들리기 쉽다. 잘못된 퍼트는 스트로크보다 그립을 잘못 잡았을 경우에 많이 생긴다. 그러므로 반드시 그립이 올바른지 점검한다.

퍼터의 무게감을 느껴보자

　　많은 아마추어들이 긴 거리에서의 거리 조절을 어려워하는데 그것은 그들이 클럽을 너무 강하게 쥐기 때문이다. 퍼터 헤드의 무게감을 잃으면, 감각도 잃기 쉽다. 퍼터의 그립을 어느 정도의 세기로 쥐어야 하는지 알기 위해서는 가볍게 악수하는 느낌으로 그립을 잡는다.

양 팔을 아래로 늘어뜨린다

준비자세 때 양 팔을 어깨의 아래쪽으로 똑바로 늘어뜨려야 한다. 유연한 상태로 늘어뜨리면 양 팔과 어깨를 똑바로 양쪽으로 움직일 수 있다.

양 팔을 정확히 늘어뜨리고 있는지를 확인하기 위하여 준비자세를 취한 뒤 오른손을 손잡이에서 아래쪽으로 내려 잡는다.

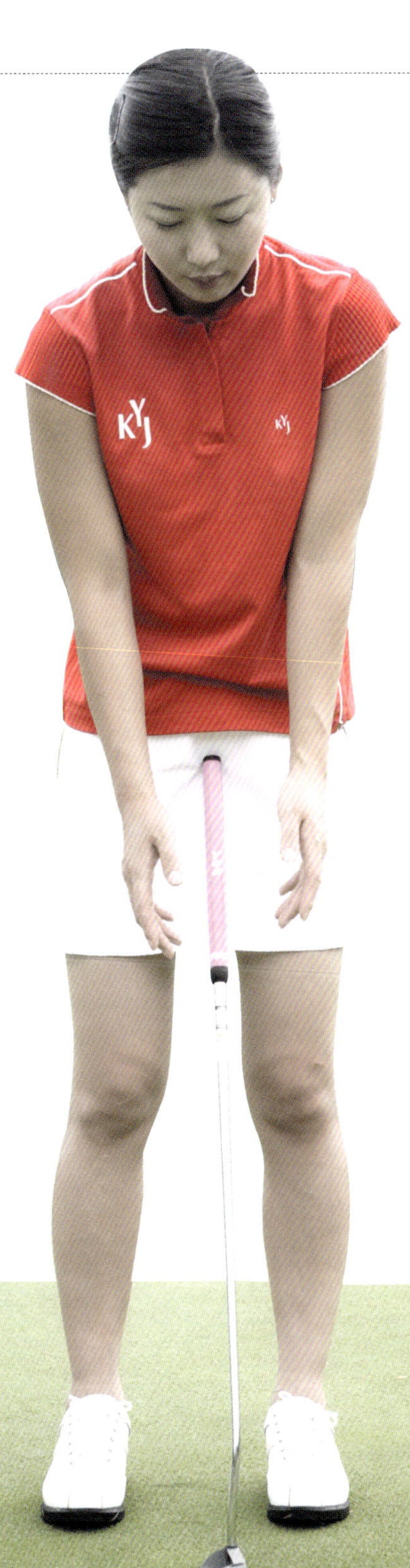

어드레스

올바른 어드레스는 좋은 골프 스윙을 하게 만든다. 올바른 스탠스와 자세는 중요하고 어드레스 때 몸을 위치시키는 방법에 따라 퍼팅 스트로크가 변하게 된다. 퍼팅 스트로크의 어드레스는 골퍼마다 모두 다르므로 몸을 최대한 편하고 자연스럽게 해야 한다. 상체를 편하게 유지하는 자연스런 자세가 기본이다. 자세를 취하는 방법은 다양하지만, 안정감이 있는 차분한 자세를 취한다.

어드레스 때 발만 스퀘어로 해서는 안 된다.
양 어깨와 허리를 홀 컵으로 향하게 하고 똑바로 선다.

머릿속에 그리고 있는 선상 라인에 볼을 보내려고 할 때는,

1 어깨의 라인과 페이스를 스퀘어로 할 것

2 허리를 어깨에 맞추고 편한 스탠스로 할 것

어깨와 허리는 라인과 평행하게 해야 한다.

쇼트 퍼팅(쇼트 퍼팅은 귀로 홀 인 되는 소리를 듣는다)

2~3m의 퍼트가 들어가는 확률이 높아지면 스코어는 줄어든다. 그러기 위해서는 라인을 확실히 머릿속에 그리고 어깨를 열지 않고 백 스윙 해야 한다. 막연히 손목으로 쳐서는 들어가지 않는다. 귀로 보고 소리로 듣는다.

《《《 **준비과정**

라인을 머릿속에 그리고 어드레스를 들어간다.

1. 컵을 보면서 자신의 라인 선상을 그린다.
2. 컵을 보며 연습 스윙을 하고 스트로크를 한다.
3. 볼과 발의 거리를 오른발부터 정한다.
4. 볼과의 거리가 정해지면 스탠스 폭을 정한다.
5. 어깨와 엉덩이, 양 발을 평행으로 정렬한다.

쇼트 퍼트의 실수는 넣고자 하는 생각이 앞서기 때문에 생기는 것이다.
방향성이 중요하므로 자신이 넣을 라인 선상을 확실히 머릿속에 그리는 것이 중요하다.

오른손을 사용해서 친다

　잘 쓰는 오른손을 사용하면 민감한 터치감을 낼 수 있거나 거리감을 맞출 수 있다. 그러면 정확히 칠 수 있다. 그러기 위해서는 정확한 자세가 무엇보다도 중요하다. 먼저 스탠스 폭은 어깨 폭과 동일하게 한다. 좁으면 아무래도 머리가 움직이기 쉽기 때문이다. 그리고 볼은 잘 사용하는 눈의 아래에 놓으면 머리를 고정시킬 수 있다. 오른손을 사용한다고 해도 오른 손목을 쓰라는 말이 아니다. 오히려 오른 손목은 정확히 고정하는 것이 중요하다.

손목이 안 꺾임

손목이 꺾임

거리감을 느끼고 싶을 때

볼이 그린에서 어떻게 휠 것인지 확신이 서지 않는다면, 자신이 최고의 그린 볼러라고 생각한다. 자신이 직접 볼을 굴리는 모습을 상상해 보면 손에 퍼터를 들고 할 때보다 퍼트의 라인과 속도를 훨씬 더 효과적으로 판단할 수 있다.

스트로크(스윙)

1. 양 어깨를 쓰며 스트로크 한다.

2. 백 스윙과 팔로는 1 대 1로 한다.

3. 핵심 포인트는 머리를 고정시키는 것이다.

4. 볼이 굴러간 지점을 너무 일찍

올려다 봐서는 안 된다.

스트로크 익히기

양 겨드랑이 밑에 클럽을 끼고 연습한다.

어깨를 쓰는 스트로크를 익힌다.
스윙 때 겨드랑이에 낀 클럽이 라인과 평행하게 움직인다.

그린 읽는 법

　그린을 읽을 때 해야 할 중요한 사항이 몇 가지 있다.

　긴 경사의 퍼팅을 하는 것은 라인 설정과 그 라인에 부합되게 볼을 치는 것이다. 퍼팅 하기 전에 그린을 주의 깊게 살펴보는 것이 중요하다. 볼을 치기 전에 지형을 잘 파악하고, 볼이 굴러가는 속도와 라인을 머릿속으로 그린다. 브레이크가 심한 경우에는 중간지점에 목표설정을 한다.

　그린에서 감각을 개발하는 것이 스코어를 줄일 수 있는 가장 빠른 지름길이다. 아마추어는 특히 방향성보다 거리제어에 신경을 쓰는 연습방법을 익히는 것이 좋다. 방향에 대한 제어력이 아무리 정확해도 거리에 대한 제어가 부족하면 다음 퍼트를 실패할 가능성이 높기 때문이다. 볼을 적절한 거리로 굴려 보내려면 어느 정도의 힘을 가하여 퍼팅 스트로크를 해야 하는가에 집중함으로써 감각을 개발하도록 한다.

그린 읽기 준비과정

1 경사에 대한 기본적인 인상과 볼
을 어떻게 휠 것인지 파악하기
위해서 볼 뒤쪽에서 퍼트 라인를
바라본다.

2 퍼트 라인이 내리막인지 오르막
인지 판단하기 위해서 볼과 홀
중간 지점까지 걸어가 본다.

3 퍼트 라인의 마지막 2피트 정도
를 자세히 살핀다(홀 컵 주변의 잔
디결을 자세히 살핀다).

4 홀을 바라보며 연습 스트로크를
몇 차례 해본다.

퍼팅은 홀이 지나가게 해야 한다

부담을 안은 상태에서는 퍼팅이 짧아지거나 혹은 길어진다. 편한 마음으로 부드럽게 해야 한다. 홀 컵을 지나지 않으면 퍼팅은 홀 인하지 못하기 때문에 볼이 항상 홀을 30cm 정도 지나가게 치는 연습을 한다.

전략을 세워라

단 한 번에 퍼팅을 성공시키고 싶겠지만 심적부담 때문에 실수로 이어질 수 있다. 가능한 첫 퍼팅은 홀 컵 가까이에 보낸다는 생각만 하자.

그린 읽기 능력 테스트 연습방법

눈을 뜨지 말고 눈을 감은 채 퍼팅 스트로크를 한다.

자신이 좋아하는 클럽으로 연습하듯이 좋아하는 퍼팅 거리를 연습한다. 그러면 자신감이 생긴다.

퍼팅은 일관성이 있어야 한다

퍼팅을 잘하고 싶다면 미리 많은 연습을 한다.

퍼팅은 많은 골퍼들이 생각하듯이 섬세한 감각이 필요하다. 퍼트를 성공시키려면 실제 라운드가 아닌 연습 때 더 많은 퍼트를 연습해야 한다.

보고, 느끼고, 시작한다

홀을 바라보면서 실제 스트로크를 재현해라. 퍼팅 스트로크 연습이 실제 퍼팅이라고 생각하면서 연습을 해야 한다.

대부분의 골퍼들은 실제로 할 퍼팅 스트로크와 전혀 달리 성급하게 몇 차례 클럽을 휘두르는 경우가 많다. 퍼터의 헤드에만 신경을 쓰지 말고 홀을 바라보면서 실제 스트로크로 재현을 해야 한다. 그래야 실제로 퍼팅을 할 때에도 동일한 동작을 만들어 낼 수 있다.

거리감 익히기

그린에서 감각을 개발하는 것이 스코어를 줄일 수 있는 가장 빠른 지름길이다. 아마추어는 특히 방향성보다 거리제어에 신경을 쓰는 연습방법을 택하는 것이 좋다. 방향에 대한 제어가 아무리 정확해도 거리에 대한 제어가 부족하면 다음 퍼트가 실패할 가능성이 높아지기 때문이다. 볼을 적절한 거리로 굴려 보내려면 어느 정도의 힘을 가하여 퍼팅 스트로크를 해야 하는가에 집중함으로써 감각을 개발하도록 한다.

홀 컵 주위에 한 걸음 간격으로 다섯 걸음까지 볼을 놓고 홀 컵에 넣는 연습을 해보자. 그렇게 하면 쇼트 퍼팅에 자신감이 생길 것이다.

여러 개의 볼을 가지고 일직선으로 볼을 놓은 후 연습을 한다. 이 연습방법은 쇼트 퍼팅에 대한 감각을 높일 수 있고 자신감을 갖게 해줄 것이다.

홀을 향해서 일직선으로 볼을 놓은 후 볼들을 홀에서부터 가까운 차례로 연습을 한다.

〈〈〈 쇼트 퍼팅 연습방법

홀 컵 주위로 동그란 원을 그리며 볼을 놓고 연습하자. 그렇게 연습하면 쇼트 퍼팅은 어떤 위치에 있더라도 성공할 것이다.

여러 개의 볼을 여러 각도에 놓은 후 연습한다. 이 연습방법을 사용하면 쇼트 퍼팅에 대한 감각을 높일 수 있고 자신감이 생길 것이다.
경사면이 있는 홀 컵 주변에 동그란 원을 그리며 퍼팅 연습을 한다.
짧은 거리로 시작해서 원을 더 크게 그리면서 연습을 하면 다양한 각도에서 연습을 할 수 있다.

롱 퍼팅

거리감을 쉽게 느끼기 위해서 어드레스를 높게 취하는 것이 좋다. 자세가 낮아지면 거리감이 약해지므로 그만큼 확률이 낮아진다. 스트로크 속도보다는 백 스윙의 길이를 이용해서 거리를 조정하는 방법이 좋다. 어드레스는 최대한 편한 자세로 한다.

롱 퍼팅을 할 때는 양 팔에 힘이 들어가면 안 된다. 양 팔을 부드럽게 하고, 근육의 긴장을 푼다. 그리고 스탠스 폭을 넓게 잡고 볼과 30cm 정도 거리로 두고 볼 앞에 선다. 약간 오픈 된 상태로 서서 퍼트 라인이 편안하게 시야에 들어오도록 한다.

그립 방법에 관계없이 그립을 가볍게 잡는다.
롱 퍼팅은 꼭 홀 인 시킨다는 생각보다는 다음 쇼트 퍼팅을 쉽게 하기 위해 홀 컵 근처로 볼을 붙인다는 생각으로 한다.

Beginning of Golf

CHAPTER 04
Approach
어프로치

어프로치

어프로치 종류

골프 스코어를 낮출 수 있는 방법은 역시 쇼트 게임이다. 드라이버나 아이언은 비거리를 낼 수 있게 디자인되었지만, 웨지는 섬세하고 정확성을 위해서 디자인되었다. 아이언이 거리를 내기 위한 목적으로 사용한다면 웨지는 그린 주변에서 볼을 띄우고 정확하게 핀에 갖다 붙이는 목적으로 사용하는 것이다.

자신의 웨지의 로프트 각도를 알고 연습하자

자신의 웨지의 로프트가 어느 정도인지 정확하게 알아야 하는 것이 중요하다. 웨지는 부드럽게 날아가서 착지할 수 있는 로프트 각도의 웨지 종류가 많아졌고, 각 제품마다 웨지의 로프트가 다르기 때문에 자신은 로프트가 어느 정도인지 확실히 알고 연습하는 것이 중요하다.

웨지는 자신감이다. 자기가 선호하는 웨지를 선택한 후 자신감을 키울 수 있는 연습이 중요하다. 일반적으로 프로 골퍼들을 제외한 거의 모든 골퍼들은 한두 개의 웨지만 사용한다. 지금 자기가 가지고 있는 웨지의 수를 세어보자.

만일 본인이 쓰고 있는 웨지의 수가 정말 한두 개라면 웨지의 수를 더 늘려보는 것도 좋다. 모든 클럽을 상황에 맞게 적절히 사용할 수 있어야 스코어를 줄일 수 있기 때문이다.

로프트의 각도와 웨지의 종류

**로프트의 각도가 볼이
날아가는 각도이다**

  클럽 헤드를 밟아보면
선택한 클럽의 볼의 탄도
를 알 수 있다. 예를 들어
앞에 장애물이나 벙커가
있거나 높은 탄도로 볼을
보내야 할 때 클럽 헤드를
밟아 보면 그 탄도나 각도
를 알 수 있다.

웨지로 풀 스윙을 하는 것은 쉽다. 하지만 스윙 크기로 거리를 조절하는 것은 어렵다. 한 가지의 웨지로 100야드 이내의 거리를 친다면 10개의 스윙을 해야 한다. 또 같은 스윙을 하더라도 매번 같은 임팩트가 나오지 않기 때문에 상황에 맞는 웨지를 가지고 있는 것이 좋고, 한 가지만 고집하지 말고 여러 가지 웨지를 사용하도록 해보자.

피칭 웨지만 쓰는 골퍼가 어프로치 웨지와 샌드 웨지를 추가하여 사용한다면 스윙 크기의 부담감은 1/3로 줄어들 것이다. 세 가지의 웨지만 사용해도 100야드에서 50야드까지 풀 스윙이나 하프 스윙으로 원하는 거리를 만들기 쉽다.

90야드를 원하는 경우 피칭 웨지 풀 스윙이 100야드가 나간다면 클럽을 0.5인치만 짧게 잡고 풀 스윙하면 10야드 짧게 보낼 수 있다.

50야드 안쪽의 어프로치 같은 경우에는 상황에 따라서 로브 웨지부터 우드까지 모든 클럽을 사용할 수 있다. 그러나 하프 스윙보다 작은 스윙을 연습해 거리감을 익히는 게 중요하다.

항상 풀 스윙보다 작은 스윙을 할 때는 다운 스윙을 조심해야 한다. 다운 스윙할 때 손을 먼저 쓸 수 있기 때문이다. 손을 쓰게 되면 스윙을 하는 것이 아니라 손으로 내리치는 실수를 할 수 있다.

짧은 거리일수록 하체를 흔들리지 않게 고정시켜야 하며, 하체와 허리가 주도하는 스윙을 해야 한다.

런닝 어프로치

　연습량이 적은 아마추어 골퍼라면 그린 주변에서는 런닝 어프로치가 쉽다. 그 이유는 볼을 띄우기보다는 굴리는 것이 이미지화하기 쉽고, 퍼팅에 가까운 스윙으로 칠 수 있기 때문이다. 그리고 볼이 그린 주변 가까이에 있고, 그린 주변에서 핀까지의 거리가 먼 경우는 볼을 약간 띄우고 굴리는 것이 가장 정확하다. 이 때 7∼9번 아이언이나 퍼터를 사용한다.

퍼터의 요령으로 어깨중심의 스트로크
　가급적이면 자연스런 자세를 만들어야 실수를 적게 한다. 쉽게 볼을 칠 수 있는 런닝 어프로치에서 뒤땅, 톱 볼이 나오는 것은 양쪽 무릎이 움직이기 때문이다. 그립은 퍼팅 때처럼 잡는 것이 좋다. 자기가 몇 번 클럽을 사용하면 퍼터와 같은 거리감을 낼 수 있는지 알고 치면 더 쉽다. 퍼터를 잡았을 때와 같은 스윙을 하면 움직여서는 안 될 곳들이 고정된다.

피치 앤드 런

손목을 쓰면 실수를 범하게 된다.

클럽은 자연스럽게 하고, 어깨와 팔은 삼각형을 유지한 채 스윙한다. 이 때 양쪽 손목을 쓰지 않는다.

　피치 앤드 런은 볼이 그린 주변에서 멀리 있을 경우에 볼을 굴리기보다는 띄워서 굴려야 할 때 사용하는 것을 말한다. 스윙을 가급적 바꾸지 말고 상황에 따라 클럽을 선택하는 것이 중요하고, 볼이 떨어질 지점을 확실히 정하고 치는 것이 중요하다. 9번 아이언이나 피칭 웨지, 피칭 샌드 등을 사용한다.

　런닝 어프로치와 같이 어깨와 팔의 삼각형을 유지하며 스윙한다.

　휘두르는 폭이 작아지기 때문에 리듬을 생각하면서 치자. 어프로치와 같은 리듬으로 생각하고 평상시 1, 2, 3 리듬으로 친다면 1, 2, 3과 같은 이미지를 만든다.

어드레스 때 고정시켰던 오른쪽 손목을 끝까지 유지한다
볼은 스탠스 중앙이나 약간 오른발에 위치하고 체중은 왼쪽에 둔다.
어드레스 때 왼팔을 가볍게 굽히고 왼쪽 겨드랑이가 적당히 조여지는 느낌을 가져야 왼쪽 어깨와 왼팔의 일체감을 가질 수 있다. 볼을 정확히 맞추기 위해서는 어드레스 때 고정시켰던 오른쪽 손목을 끝까지 가지고 온다고 생각해야 한다. 스윙 할 때 어깨와 팔의 삼각형은 끝까지 유지해야 한다.

테이크 백 스윙

  헤드를 똑바로 드는 테이크 백을 하기 위해서는 양쪽 팔꿈치를 유지하면서 들어야
한다. 양쪽 팔꿈치가 펴지면 부드러운 임팩트가 나오지 않는다.

  오른쪽 손목을 끝까지 유지하면서 쳐야 한다. 손목을 지나치게 쓰면 스윙 궤도가 흔
들려 거리감이나 방향성이 일정치 않게 된다.

헤드 업과 손목의 움직임
은 정확성이 떨어진다.

피치 샷

  피치 샷은 풀 샷을 하지 않는 25야드부터 100야드 사이에서 플레이하는 샷이다. 빙커 넘기기 등 캐리로 장애물을 극복하고 핀 앞쪽에서 볼을 올린 후 멈추게 하고 싶은 상황일 때 치는 방법이다.

  피치 샷의 경우에는 얼마나 정확하게 스핀을 먹느냐에 따라서 상황이 변한다. 이 경우에는 핀의 위치, 장애물 등에 따라서 클럽 선택이 다르기 때문이다.

  50야드 이전의 거리는 보통 샌드 웨지를 많이 사용하고, 그 이상은 피칭 샌드를 많이 사용한다. 이와 같이 피치 샷인 경우 먼저 거리를 생각하고 클럽을 선택하도록 한다.

로브 샷

볼을 높이 띄워 가볍게 그린에 정지시키는 샷을 말한다.

그린 주변에 턱이 높은 벙커 등 장애물이 많이 있을 때, 핀이 앞쪽일 때에 볼을 높이 띄워 부드럽게 그린 위에 정지시켜야 한다. 사용 클럽에 따라 로프트가 다르지만 보통 샌드 웨지나 좀 더 로프트가 많은 로브 웨지를 사용한다.

어드레스 때 볼 위치를 처음부터 정하지 말자

평상시의 샷과 같이 어드레스를 한 후 샤프트 라인을 오른쪽으로 기울인다. 클럽을 우측으로 움직이면 클럽이 눕게 되어 페이스는 열린 상태가 된다.

기울어진 클럽에 맞춰 어드레스를 만들어 주면 자연스럽게 로브 샷을 칠 수 있다.

어드레스 때는 페이스를 열고 오픈 스탠스를 취한 후 벙커 샷 하듯이 스윙 한다.

그린 주변에서 핀까지의 거리가 없고, 턱이 높은 벙커나 러프 및 장애물이 있다면 피치 앤드 런 같은 작은 스윙은 클럽으로 띄워야 하고, 러프에 걸려 휘두르더라도 런이 많이 나와 핀을 크게 오버한다면 로브 샷이 필요하다.

　로브 샷은 볼이 러프에 깊게 잠겨 있거나 맨땅에 있을 때에는 불가능하다. 만약 칠 수 있더라도 정확성이 떨어지고 런이 많이 발생된다. 굴릴 수 있는 상황에서 로브 샷은 금물이다.

　로브 샷에서 페이스가 위를 향할 만큼 크게 열고 헤드를 볼 밑에 넣으면서 친다. 그러기 위해서 러프처럼 볼 밑으로 헤드를 통과시키는 스페이스가 필요하다. 그린 앞이나 러프에서도 볼이 완전히 파묻힌 상황에서는 로브 샷이 어렵다. 손목으로 볼을 띄우려고 하면 임팩트 순간 정확성을 기하기가 어렵기 때문에, 뒤땅이나 토핑의 실수를 범하는 경우가 생긴다. 이런 실수를 많이 하는 아마추어 골퍼들은 클럽 헤드 위에 종이컵을 올려놓고 손목을 고정하는 연습을 하도록 하자.

대부분의 골퍼들이 그린에 가까이 갈수록 그립을 강하게 쥐는 경향이 있다. 강하게 그립을 쥐면 헤드 무게를 이용한 로브 샷을 할 수 없다. 또, 대부분의 골퍼들이 손의 감각으로 방향과 거리감각도 조절한다. 이런 경우에 헤드 스피드가 빨라지기 때문에 거리조절에 실패할 확률이 높다. 짧은 거리에서 깃대를 노리는 샷일수록 정교하게 자세를 취하는 게 중요하다.

swing

스윙

정확한 아이언

어드레스

  그립을 한 뒤, 양손을 표적방향으로 밀어서 클럽의 위치를 정확하게 놓아야 한다. 아이언 스윙에 있어 가장 중요한 것은 무게중심과 볼의 위치이다. 무게중심이 잘못 놓인 상태에서는 아무리 스윙을 제대로 한다고 해도 거리나 방향에 있어서 문제가 발생하게 된다. 어떤 클럽을 사용하느냐, 스윙 크기가 어떠하느냐에 따라 무게중심이 달라지기 때문이다. 아이언 샷의 경우 페어웨이에 경사가 없을 때는 무게중심을 왼발과 오른발에 각각 50%로 둔다. 무게중심이 뒤쪽에 치우쳐 있다면 퍼 올리는 듯한 스윙이 된다. 이런 경우 페이스가 열린 채로 임팩트가 되기 때문에 탄도가 높아지게 되고 결국 정확한 거리를 얻을 수 없게 된다.

  어드레스 때 클럽을 정확히 위치시키면 완벽한 타격이 가능하다.

볼의 위치도 무게중심과 함께 임팩트 때에 영향을 준다.

왼손을 편 상태로 왼팔을 똑바로 펴준다. 오른쪽 손바닥으로 왼쪽 손바닥을 때린다. 이 때 오른쪽 손목의 각도를 유심히 살핀다. 바로 그 각도가 볼을 정확하고 깨끗하게 타격할 수 있는 각도이다. 무엇인가를 손바닥으로 때리려 할 때는 초점이 대상을 공중으로 띄우는 것이 아니라 대상을 때리는데 맞추어지기 때문에 자연스럽게 손목에 각도가 형성된다. 임팩트 때는 바로 그러한 감각을 맞추어야 한다.

볼의 위치는 스탠스 중앙에 위치시킨다. 볼의 위치에 문제가 있다면 정확성이 떨어지는 원인이 될 수 있다.

일정한 스윙 만들기

대부분 아마추어의 경우 클럽의 거리가 상황에 따라 큰 차이를 보이는 경우가 많다. 같은 7번 아이언으로 샷을 했을 때 한 번은 140야드이고, 또 한 번은 100야드가 나오기도 한다. 이는 당시의 컨디션과 환경 등의 영향으로 그럴 수도 있지만 기본적인 원인은 스윙이 일정치 못하기 때문이다. 스윙 아크를 일정하게 유지하면 클럽의 일정한 거리를 얻을 수 있다.

백 스윙과 다운 스윙 때 몸과 팔, 손, 그리고 클럽이 하나가 되어 움직이면 클럽의 정확도가 생기게 되고 스윙 아크가 일정하게 유지되기 때문에 일정한 스윙과 정확한 임팩트를 만들 수 있다.

대부분의 아마추어 골퍼들은 손으로만 스윙을 만들어 치는 경우가 많아 일정한 스윙을 만들 수 없다. 이와 같이 상체 리드가 없이 팔로만 내려오게 되면 그 날의 컨디션과 환경 등의 영향을 받기 때문에 클럽에 따른 일정한 거리를 얻을 수 없게 된다. 몸과 팔, 손, 클럽이 함께 움직이기 위해서는 항상 하나가 되어 일체감이 있는 스윙 연습을 해야 한다.

몸과 팔, 클럽이 함께 움직여서 클럽이 따로 움직이는 실수를 줄이도록 한다. 클럽을 양쪽 겨드랑이에 끼고 어깨와 몸이 하나가 되는 것을 느끼면서 스윙 크기를 연습한다. 백 스윙과 다운 스윙 때 몸과 팔, 손. 그리고 클럽이 하나가 되어 움직이지 않으면 클럽의 정확도가 떨어지고 스윙 아크가 일정하게 유지되지 않기 때문에 일정한 스윙과 정확한 임팩트를 만들 수 없다.

6번 또는 7번 아이언을 들고 오른팔 하나만으로 절반 크기로 펀치 샷을 때려본다. 정확하게 중심에 맞추려면 오른쪽 손목의 각도에 유념하면서 하향 타격으로 때려야 한다. 오른손으로만 하는 스윙 연습은 다운 스윙을 잘할 수 있는 방법 중의 하나이기도 하다. 몸의 균형도 유지할 수 있고 볼도 정확하게 칠 수 있기 때문이다.

정확한 방향 만들기

짧은 거리의 스윙에서는 방향성이 무척 중요하다. 똑같은 온 그린에 성공한다 해도 홀 컵에서 얼마나 떨어져 있느냐에 따라 스코어가 달라지기 때문이다. 핀을 향해 정확히 볼을 보낼 수 있는 방향성을 확보하기 위해서는 무엇보다 몸의 축을 고정하는 것이 중요하다. 스윙 도중 몸의 축이 움직인다면 스윙 궤도에 영향을 미치기 때문에 원하는 곳으로 볼을 보낼 수 없다.

짧은 거리의 아이언 스윙을 할 때 머리의 정수리 부분부터 꼬리뼈까지 고정된 상태를 머릿속으로 상상한다. 스윙의 흐름에 따라 몸은 움직이되 스윙 축은 그대로 고정되어 있는 상태인 것이다.

몸의 축이 그대로 있는 상태에서 스윙이 이루어져야 정확한 방향성을 확보할 수 있다. 일정 크기의 스윙 연습을 통해 클럽 별로 확실한 거리를 체크하고 스윙 시 축을 고정한다는 생각으로 스윙을 한다면 짧은 거리의 스윙이 한결 쉬워질 것이다.

1

4

2
3
5
6

올바른 리듬 익히기

　　올바른 체중이동은 원활한 클럽 헤드의 스피드와 스윙 궤도를 만들 수 있다.

　　임팩트 이전과 이후에 클럽 헤드의 스윙 궤도가 직선 이동거리를 길게 이동시킬 수 있으므로 큰 타원형을 만들어 임팩트 때 정확성과 비거리 향상에 도움이 될 수 있다.

　　개인의 특성이나 기호 또는 성격에 따라 리듬은 느리기도 하고 빠르기도 하다.

　　규칙적으로 골프 스윙을 하면 자신에게 맞는 좋은 리듬을 찾을 수 있다.

　　올바른 체중이동을 위해서는 백 스윙 할 때 오른쪽 엉덩이가 오른쪽 뒤에 위치하게 하고, 반대로 피니시 때에는 왼쪽 엉덩이가 왼발 뒤에 오도록 한다.

　　피니시 자세에서는 오른쪽 어깨가 왼쪽 어깨보다 약간 높고 가슴은 목표방향의 왼쪽을 향하도록 한다.

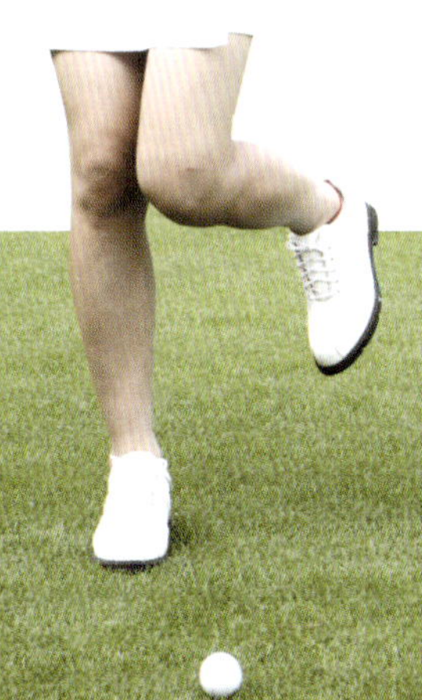

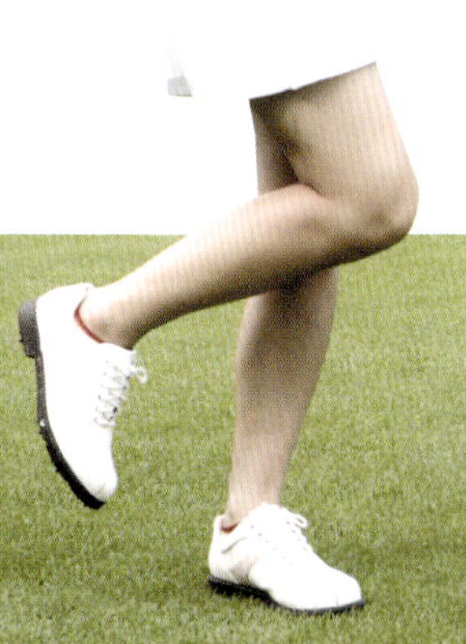

"""

정확하게 볼 맞추기

임팩트 순간에 자신이 볼을 정확히 맞히는지 보고 싶다면 디봇을 살펴본다. 클럽에 의해 생긴 디봇을 살펴보면 자신의 스윙이 어떠했는지 알 수 있다.

5개의 공을 나란히 놓고 볼 앞쪽에 디봇이 생기도록 연습을 한다.

7번 아이언을 잡고 1개씩 볼을 치면서 정확한 임팩트 연습을 한다. 이때 주의해야 할 사항은 머리의 움직임이 없이 몸의 축을 그대로 두고 연습을 한다. 백 스윙 때 마음속으로 하나를 세고 다운 스윙 때 둘을 센다. 이 같은 연습을 한 다음 실제 샷으로 옮겨보자. 이런 연습은 클럽의 헤드 스피드를 높여주고 몸의 축을 잡아주기 때문에 리듬이 좋아지면서 정확한 임팩트를 할 수 있게 해준다.

대부분의 골퍼들이 스윙에 있어서 가장 신경을 쓰는 것 중 하나가 바로 정확하게 페이스 중앙에 맞추는 것이다. 임팩트 직전까지 아무리 신경을 많이 쓴다고 해도 정작 임팩트가 잘못된다면 원하는 곳으로 볼을 보낼 수 없기 때문이다. 정확한 임팩트를 연습하기 위해 테이프를 이용하여 문제점을 찾고 수정해 보는 것이 중요하다.

클럽 페이스의 바깥쪽에 맞는 경우

　볼이 페이스의 바깥쪽에 맞는 경우는 다운 스윙 시 왼팔을 지나치게 몸쪽으로 끌어당기기 때문이다. 그 밖에도 엉덩이가 임팩트 전에 타구방향으로 회전하는 경우도 그 원인이라고 할 수 있다.

　오른손과 클럽이 먼저 지나가지 않게 되면 엉덩이 회전과 임팩트 릴리스가 정확히 될 수 없다. 이렇게 몸쪽으로 지나치게 왼팔을 끌어당기는 것을 해결하기 위해서는 양 팔에 힘을 균등하게 배분한다는 느낌으로 다운 스윙을 해야 한다. 한편 다운 스윙을 할 때 힘은 고정되어 있는 상태에서 팔로만 스윙을 하는 연습을 반복한다.

페어웨이 우드

　페어웨이 우드는 파5홀에서 2온을 시키려고 할 때나 길이가 긴 파3홀을 공략하거나, 드라이버를 치기 힘든 파4홀에서 드라이버 대신 많이 사용한다. 하지만 대부분의 아마추어 골퍼들은 페어웨이 우드로 지나친 욕심을 부려 실수를 하는 경우도 많이 있다. 지형이 좋지 않거나, 꼭 2온을 시키려고 무리한 스윙을 하는 경우, 그리고 드라이버만큼 거리를 내려고 할 때 특히 더 많은 실수를 하게 된다. 무리한 스윙을 하려고 하다 보면 팔이 긴장하게 된다. 그러면 손에 힘이 많이 들어가 그립을 세게 잡게 되고 어깨에도 긴장이 온다. 결국 자연스럽고 부드러운 템포가 나오지 못하게 된다.

　페어웨이 우드를 사용할 때에는 드라이버를 사용할 때만큼 양 발을 폭넓게 벌린다. 안정된 체중 배분은 스윙을 하는데 편안한 균형감을 가질 수 있도록 도와준다. 이상적인 볼의 위치는 스윙 아크의 최저점, 즉 왼쪽 발꿈치의 바로 안쪽이다.

페어웨이 우드 스윙

  클럽이 길어질수록 클럽 헤드를 급하게 들어올리면 안 된다. 리듬감을 확보하기가 힘들기 때문이다. 리듬감이 깨져버리면 다운 스윙이 급하게 내려오기 때문에 볼을 맞추는 타이밍도 어려워진다. 스윙 아크의 폭을 넓혀 백 스윙의 파워를 구축하고 다운 스윙의 여유분을 주자. 연습 스윙 때의 리듬감을 생각하면서 백 스윙을 하는 습관을 기르자.

백 스윙 스타트, 즉 테이크 어웨이를 할 때 클럽 헤드로 30cm는 충분히 끌어주어야 전체적인 스윙 아크를 만들 수 있다. 또 주의해야 할 점은 팔로만 스타트 해서는 안 된다. 왼쪽 어깨가 먼저 스타트 하면 팔은 저절로 따라오게 되기 때문이다. 오른팔로 테이크 어웨이를 하면 스윙 궤도의 균형이 깨져버린다.

드라이버 샷을 생각해 보자. 페어웨이 우드도 같은 어드레스를 취한다.

드라이버 샷과 같이 볼은 왼발 뒤꿈치 앞에 위치하고, 체중분배는 안정적이라

는 느낌이 들도록 서는 것이 중요하다.

드라이버

　파워 있는 드라이버 샷을 치기를 원하는 것은 골프를 치는 모든 사람들의 바람일 것이다. 최첨단 장비, 보다 향상된 체력, 뛰어난 스윙 기술 등을 가지고 있지만 모든 사람들은 티 샷을 더 멀리까지 때리고 싶어한다. 하지만 실력을 갖춘 선수들은 단순히 볼을 강하게 때리는 데 그치지 않고 페어웨이를 적중시키는 것을 더 중요하게 생각한다.

바른 티 높이가 중요하다

대부분의 골퍼들은 티를 너무 낮게 꽂거나 높게 꽂아서 비거리를 손해 보고 있다. 티를 낮게 꽂으면 아래쪽으로, 즉 하향으로 내려치기 때문에 클럽 페이스의 아래쪽 부분에 볼이 맞게 된다. 그 반대로 티를 너무 높게 꽂으면 볼이 솟아오르는 현상이 생기기도 한다. 비거리를 최대화하기 위해서는 클럽 헤드가 수평으로 이동할 수 있는 상태에서 볼을 맞추어야 한다.

드라이버의 페이스면은 가운데 부분이 볼록하게 되어 있다. 멀리 가는 볼을 더 정확하게 모아주면서 가기 위해 이런 모양으로 디자인된 것이다. 클럽 페이스 윗부분은 아랫 부분에 비해 로프트 각이 더 높다. 즉 아래보다 위쪽의 각이 로프트를 많이 제공한다. 그렇기 때문에 클럽 페이스의 가운데 위쪽에 볼을 맞추어야 한다. 클럽의 원래 각도대로 좋은 구질의 볼을 치기 위해서는 바른 티 높이가 중요하다.

티를 너무 높게 꽂으면 볼이 솟아오르는 하이(high) 볼이 생기고, 너무 낮게 꽂으면 아래쪽으로 볼이 맞기 때문에 로우(Low) 볼이 나온다. 어드레스 때 볼이 드라이버의 위쪽으로 절반 정도만 올라가게 티를 꽂아야 한다.

올바른 볼 높이

높은 티 높이

낮은 티 높이

Point *** 적어도 볼의 1/2 이상이 클럽 헤드의 위쪽으로 올라가도록 해야 한다

안정적인 어드레스

어드레스는 모든 동작의 기본이므로 평소에 준비자세를 철저히 점검한다.

상체를 타깃의 반대 방향으로 기울인다.

모든 샷에서 일반적으로 하는 말 중에 하나가 힘을 빼라는 말이다. 특히 드라이버 어드레스 자세에서 몸이 경직되어 긴장하거나 반대로 너무 힘을 빼서 자세가 흐트러져서는 안 된다.

어드레스 자세에서 몸의 균형은 매우 중요하다. 또 아마추어 골퍼들을 보면 어드레스 때 상체를 오른쪽으로 기울이지 않기 때문에 테이크백에서 왼쪽 어깨가 밑으로 처지게 된다. 이렇게 다운 동작에서 오른쪽 어깨가 오른쪽 아래로 심하게 떨어지면 볼을 정확하게 맞추기가 힘들어진다.

평상시 정확하고 안정된 셋업을 위한 연습이 필요하다
척추를 타깃의 반대 방향으로 기울여서 오른쪽 어깨를 왼쪽 어깨보다 더 낮게 위치시킨다. 상체를 볼의 뒤쪽에 두면 백 스윙을 최대로 가져갈 수 있다.

척추를 타깃의 반대쪽으로 기울여서 오른쪽 어깨를 왼쪽 어깨보다 낮게 위치시킨다. 클럽의 그립을 잡으면 오른손이 왼손 밑에 놓여 있기 때문에 오른쪽 어깨를 낮출 필요가 있다. 이렇게 하면 왼쪽 엉덩이가 왼쪽 어깨보다 타깃에 더 가깝게 위치하게 된다. 스탠스는 발의 안쪽이 최소한 어깨넓이 정도가 되도록 폭을 잡아준다. 이렇게 준비자세를 취하면 상체가 볼의 뒤쪽으로 놓이기 때문에 백 스윙을 최대한으로 가져갈 수 있도록 해준다. 또한 체중을 이동하는 것과 올바른 다운 스윙의 동작을 하기도 쉽고, 몸을 뒤에서 잡아 놓기 때문에 팔로 스윙이 커지면서 클럽을 목표방향으로 던지기 쉬워진다.

"

타깃을 정확히 겨냥한다

　티잉 그라운드에 올라 볼 뒤에서 타깃 지점을 설정하는 것이 중요하다. 보통 골퍼들은 어드레스를 준비하는 시간이 80%를 차지하고, 타깃을 바라보는 시간은 20%를 차지한다. 그러나 프로들의 경우는 이와는 반대로 타깃을 바라보는 시간이 80%를 차지한다. 어드레스를 고정한 상태로 볼을 오래 보게 되면 근육이 굳어지고 긴장감이 몇 배로 더해져서 부드리운 스윙을 하기가 힘들어진다. 또 긴장하게 되면 클럽의 릴리스가 방해를 받게 되고, 결국은 슬라이스가 발생하기 쉽다. 항상 스윙 전에 왜글로 긴장을 푸는 습관을 기르도록 한다.

　볼보다 타깃을 더 오래 보도록 한다. 타깃을 바라보며 어깨, 허리, 무릎 등이 타깃과 평행한지 확인한다. 그리고 자신이 구사하고자 하는 볼의 구질을 이미지화한다.

대부분의 프로 골퍼들은 아마추어 골퍼와는 달리 볼을 마주했을 때 긴장을 풀어주는 자신만의 왜글 방법을 가지고 있다. 특히 왜글을 하는 이유는 긴장을 최소화시키기 위해서이다. 많은 프로들은 긴장된 플레이에서는 어드레스를 취한 뒤 몇 초 사이에 경직된 근육을 풀기 위해서 의식적으로 혹은 무의식적으로 작은 몸 동작을 취한다. 대부분의 아마추어 골퍼들은 그립을 강하게 쥔 상태에

서 볼을 치려는 생각이 앞선다. 왜글을 하면서 이 시간을 활용하여 긴장되는 손목과 양 팔을 부드럽게 계속 움직이면서 심리적인 긴장을 풀어주고 스윙의 리듬과 여유를 찾아 보자.

왜글 동작

클럽은 안정되게 잡아야 하고, 그립은 클럽 헤드와 샤프트의 무게를 느낄 수 있을 만큼 부드러우면서도 단단하게 잡는다.

왜글과 같은 움직임을 통해서 긴장을 풀고 리듬을 만든 뒤 스윙을 한다.

테이크 어웨이

테이크 어웨이는 백 스윙을 만들기 위한 과정이다.

올바르게 어드레스하고 샤프트와 하나가 된 느낌으로 경사에 따라서 클럽 헤드를 올린다. 허리까지 샤프트를 최대한 낮게 그리고 길게 경사에 따라 헤드를 올리고, 허리에 올 때까지 샤프트와 양 팔이 하나가 된 느낌으로 헤드를 올린다. 허리를 지난 다음에는 샤프트와 하나가 된 느낌으로 위로 평행하게 올리고, 왼팔 역시 스윙 플래인과 평행하게 움직이도록 한다. 이 때 결코 손목을 돌려서는 안 된다. 연습장에서 타깃 방향과 평행하게 선을 그려서 그 위로 클럽 헤드를 올리는 연습을 하자.

테이크 어웨이 때 최대한 길게 그리고 낮게 경사에 따라 평행을 유지하면서 든다. 이 때 몸과 팔, 클럽이 함께 움직여야 한다.

클럽을 몸 밖으로 테이크를 들면 몸, 양 팔 모두 일체감이 없다.

밖으로 테이크를 들게 되면 클럽이 처져서 들어 오기 때문에 팔로만 치게 된다. 개인마다 다르지만 이럴 경우 손으로 감아 치기 때문에 훅이나 드로 볼이 나오게 된다.

클럽을 몸 안쪽으로 테이크를 들면 몸, 양 팔이 모두 일체감이 없다.

손과 팔, 어깨가 함께 연결되어 스윙 해야 하는데 안쪽으로 테이크를 들게 되면 클럽이 닫혀 들어오게 된다.

어깨, 팔, 클럽의 일체감을 잃게 되어 푸시 슬라이스나 슬라이스 구질이 나오게 된다.

위. 클럽을 지나치게 밖으로 든 경우
아래. 클럽을 지나치게 안쪽으로 든 경우

빠른 테이크 어웨이를 고치는 방법

"천천히 테이크 어웨이를 해야 한다."

첫 홀에서 드라이버 샷을 정확히 치기 위해서는 클럽 헤드에 점차적으로 가속을 붙여 임팩트 직후에 최고 속도에 이르도록 해야 한다. 중요한 것은 테이크 어웨이를 천천히 시작하는 것이다. 이것은 대단히 중요하다. 대부분의 골퍼들이 첫 홀에서의 드라이버 샷에 부담을 느껴 평소보다 성급하게 테이크 어웨이를 시작한다. 하지만 몸은 클럽의 속도를 따라가지 못한다. 결과적으로 클럽은 임팩트 전에 파워를 잃게 된다.

성급한 테이크 어웨이를 피하기 위해서는 테이크 어웨이를 시작할 때 오른손에 뜨거운 물을 들고 있다고 상상하고 정확하고 알맞은 템포로 스윙을 해야 한다. '슬로, 슬로, 슬로' 가 가장 중요하다.

백 스윙

손과 몸을 동시에 능동적으로 회전한다.

어드레스를 하면 손과 몸 어느 한 곳에 힘이 들어간다. 백 스윙은 이런 현상을 막기 위한 연습이다. 부드러운 막대기를 이용한 스윙을 해보라. 만약 도구가 없다면 긴 타월이나 고무호스를 이용하여 스윙 연습을 할 수 있다. 이런 훈련을 하고 나면 손과 몸이 조화를 이루면서 클럽을 움직여야 한다는 사실을 쉽게 알게 될 것이다. 백 스윙을 잘하기 위해서는 손과 몸이 하나가 된 느낌으로 회전을 해야 한다.

백 스윙이란 볼을 치기 위한 마지막 단계이다. 실제로는 몸을 중심으로 스윙을 하기 때문에 잘 칠 수 없는 것이다. 그렇다고 손을 중심으로 스윙을 하는 것은 최악의 결과를 낳는다.

어떻게 하면 몸을 회전함과 동시에 손도 회전할 수 있을까? 다시 말해서 손과 몸의 회전을 의식하면서 양자를 능동적으로 회전한다는 뜻이다. 손과 몸이 일체화되면서 회전해야 하는데, 만약 주종의 관계를 이루면 조화롭게 움직일 수 없게 된다. 이것을 실천하기 위해서는 팔과 손목을 부드럽게 사용해야 한다. 즉 근육을 부드럽게 사용하기 위해서 릴렉스 한 자세를 취해야 한다.

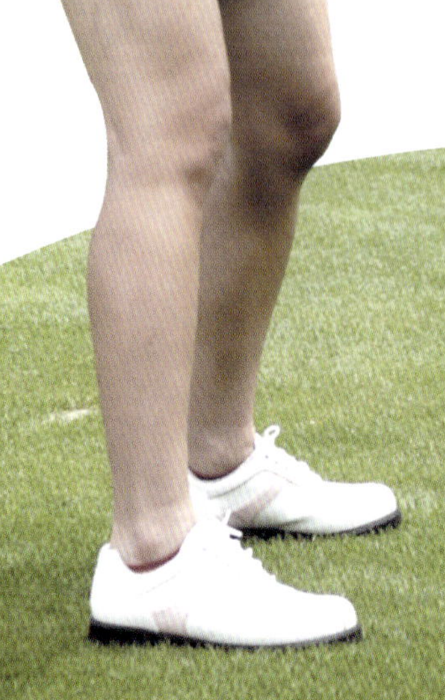

　손과 몸이 일체가 되어 회전하지 못하면 아래 첫번째 사진과 같은 백 스윙의 자세를 취하기 쉽다. 아래 두번째 사진처럼 손과 몸이 하나가 되어 회전을 해야 올바른 백 스윙이 된다. 백 스윙의 회전이 잘 될 때에는 왼쪽 어깨가 턱을 거의 가릴 정도로 회전한다. 백 스윙을 할 때 오른쪽 팔을 똑바로 유지하면 스윙 폭도 넓어지고 왼쪽 어깨도 내려가지 않는다.

톱 스윙

톱에서 잠깐 멈춘다

대다수의 아마추어 골퍼들은 톱 단계에서 다운 스윙으로 너무 급하게 내려온다. 이렇게 하면 볼을 정확하게 맞추기가 힘들어진다. 길고 정확한 드라이버를 치는 골퍼들은 점차적으로 자연스럽게 스윙 아크를 만들어 내면서 클럽 헤드가 안쪽에서 바깥으로 이동하는 궤도를 만들어 올바른 임팩트를 만든다.

성급한 다운 스윙을 피하려면 톱 단계 때 양 손과 양 팔을 아주 잠깐 멈추는 것이 좋다. 이렇게 해주면 하체가 목표를 향하여 먼저 움직일 수 있게 되며, 그 결과 클럽을 안쪽으로 떨어뜨리는 데 도움이 된다. 그러면 안쪽에서 볼을 좀 더 정확하게 접근시키는 스윙 궤도를 만들어 낼 수 있어 보다 정확하고, 멀리 보낼 수 있다.

톱에서 약간의 여유를 가지면 좋은 타이밍이 나온다. 백 스윙 톱에서 잠시 여유를 가지면 백 스윙을 끝까지 해줄 수 있고, 다운 스윙이 빠르게 내려오지 않기 때문에 좋은 리듬과 일관된 백 스윙을 만들 수 있다.

다운 스윙

백 스윙을 시작할 때 손 → 팔 → 어깨 → 엉덩이 → 다리의 순서였다면 다운 스윙 때에는 다리 → 엉덩이 → 어깨 → 팔 → 손의 순서로 내려온다는 생각으로 연습을 해야 최대의 스윙 속도와 리듬을 가질 수 있다.

무게중심이 왼쪽으로 이동하면서 다운 스윙의 나머지 과정이 순서대로 이루어져야 한다. 양 팔부터 내려가면 하체가 회전하면서 다운 스윙 때 팔이 지나 갈 수 있는 공간을 마련해 준다.

볼을 칠 때에는 시계추 운동으로 헤드 무게를 이용해서 친다. 실제로 골프 스윙은 시계추 운동과 같다고 할 수 있다. 대부분의 골퍼들은 클럽을 휘두를 때, 몸이 좌우로 움직이면 볼을 정확하게 맞추는 역할을 하지 못한다. 클럽이 이상적으로 볼을 맞추는 역할을 하기 위해서는 최대한으로 몸을 움직이지 않는 것이 좋다. 몸은 곧 축이고, 양 팔과 클럽은 시계추라고 생각하면 스윙을 할 때 헤드 무게를 점차적으로 느끼게 될 것이다.

헤드 무게를 느끼기 위한 방법은 오른손 3개의 손가락만으로 그립을 하고 그 상태에서 오른손만으로 샷을 하는 것이다. 3개의 손가락으로 그립을 잡지만, 손가락에 힘을 주어서 클럽을 움직이면 볼을 정확히 맞출 수 없다. 잘 치기 위한 방법은 손가락에 힘을 주지 않고 헤드 무게를 이용해 시계추를 움직이듯이 테이크 백 한다면 다운 스윙에서도 헤드가 중력에 따라 자연스럽게 떨어지게 된다. 이와 같은 방법으로 연습을 한다면 다운 스윙에서 임팩트 때 좀 더 강한 스피드를 낼 수 있다.

상체와 하체의 움직임이 많으면 양 팔의 속도가 줄어들게 된다. 상체와 하체의
리듬이 하나가 되면 자연적으로 헤드 스피드가 나게 되므로 두 발을 모아 클럽을
휘두르는 연습을 한다.

Point *** **시계추 같은 느낌을 가지면 헤드 무게를 느낄 수 있다**
두 발을 모으고 볼을 똑바로 보내는 연습을 한다. 이 연습은 몸의 축이 흔들리는 것과 팔의 동작, 다른 신체의
미세한 움직임과 타이밍을 느낄 수 있게 한다. 몸의 움직임이 많은 골퍼들이 연습을 하면 도움이 된다.

임팩트

　어드레스와 임팩트 순간의 기울기를 일정하게 유지한다.

　어드레스 때 상체를 목표의 반대 방향으로 기울인다는 것은 등의 기울기가 임팩트에서 클럽 헤드를 정확히 그리고 올바르게 들어가게 해준다는 것이다. 대부분의 아마추어 골퍼들이 이 사실을 알고 있지만, 의외로 일정한 기울기를 유지하는 동작을 충분히 해주는 골퍼는 적다. 그 때문에 테이크 백에서 왼쪽 어깨가 떨어지고 다운 동작에서 오른쪽 어깨가 너무 처진다. 결국 역체중이동 스윙이 일어나고 만다. 어드레스 기울기는 특히 드라이버 샷을 할 때 중요하다. 이 기울기를 유지한 채 임팩트를 한다. 어드레스 때 등의 기울기를 일정하게 유지하기 때문에 클럽 헤드는 볼을 치는 각도를 만들어 주는 것이다.

　드라이버 샷 임팩트 동작을 보면 어드레스에서 등을 오른쪽으로 기울고 그 동작을 그대로 유지한다. 마치 역 C자형 모양을 이루게 된다. 등이 오른쪽으로 기울어진 어드레스를 그대로 유지하면서 볼을 치는 것이 바람직하다. 어드레스와 임팩트 순간의 기울기를 일정하게 유지하는 것이 중요하다.

팔로 스윙

스윙 아크를 최대한 크게 이용한다.

최고의 비거리를 내야 할 때는 백 스윙에서 체중을 오른쪽에 실어준다. 처음에는 오른발 하나로 설 정도로 충분히 체중을 오른쪽에 실어보라. 그에 따라 다운 스윙에서 전 체중을 왼쪽으로 빨리 이동시키면서 볼을 강하게 친다.

양 팔을 길게 사용하면 아크가 커지고 원심력은 증가한다. 볼이 멀리 날아가는 이유 중 한 가지는 팔을 길게 사용하기 때문이다.

클럽 헤드의 스피드를 최대한 높이기 위해서는 왼팔을 쭉 펴면서 팔을 최대한 길게 뻗어주면 스윙 아크가 커지고 원심력이 증가해 헤드 스피드도 빨라진다. 팔로 스루 때 클럽 헤드는 왼쪽으로 똑바르게 움직이고, 그립의 끝은 배꼽으로 향해야 하며, 어깨는 목표방향으로 향해야 한다.

체중이동과 몸의 오른쪽 힘을 제대로 발휘하기 위해서는 왼손으로 클럽을 잡은 뒤 클럽 헤드가 지면과 평행하면서도 위를 똑바로 향하도록 뻗어주어야 한다. 이때 왼쪽 손바닥은 정면을 봐야 한다. 만약 체중이 오른쪽에 남아 있다면 체중이동과 몸의 밸런스가 제대로 되지 않은 것이다.

　　체중이 오른쪽으로 남아 있어 체중이동과 몸의 밸런스가 제대로 되지 않은 경우 양손을 악수하듯 잡는 느낌으로 한다. 이 때 중요한 것은 클럽 헤드는 왼쪽으로 똑바르게 움직여야 하고 그립의 끝은 배꼽으로 향해야 한다. 그리고 어깨는 수평으로 회전해야 한다.

피니시

임팩트 때 볼을 때리게 되면 팔로 스루 상태에서 멈추게 되어 피니시가 이루어 지지를 않는다. 초보 아마추어 골퍼들의 경우 체중이 너무 오른쪽에 많이 남아서 팔로만 모양을 만드는 골퍼들이 많다. 다운 스윙에서 피니시까지는 스윙의 연결동작이다. 연결동작을 끝까지 하지 못하는 경우는 거리를 줄게 하는 원인의 하나가 된다.

피니시는 부드럽고 안정감 있는 자세가 중요하다. 그리고 볼이 잘 맞지 않았더라도 피니시는 끝까지 하는 습관을 기르는 것이 중요하다. 이와 같은 습관은 실전에서 보다 나은 스윙을 하는데 큰 도움이 될 것이다.

슬라이스

휘는 볼보다는 오른쪽으로 가더라도 곧장 가는 구질을 만드는 것이 중요하다. 슬라이스가 난다고 해서 우측을 겨냥하지 못해 스윙을 고치는 것을 두려워하는 경우가 많다. 제일 중요한 것은 오른쪽으로 가든 왼쪽으로 가든 볼을 곧장 보낸 후 방향을 제대로 잡는 것이 중요하다.

그립을 점검하라

그립과 준비자세를 잘못한 경우 슬라이스를 내는 원인을 먼저 만들었기 때문에 생기는 현상이다. 일반적으로 드라이버 볼 위치는 왼발 뒤꿈치 안쪽 선상이 기본인데, 지나치게 왼쪽으로 이동시키거나 볼을 왼쪽에 놓으면 왼쪽 어깨의 회전이 덜 되어서 헤드가 밖으로 내려오는 현상이 생긴다. 또, 그립을 오픈시켜 잡으면 볼이 오른쪽으로 심하게 휘어지는 구질이 생긴다.

푸시 슬라이스일 경우에는 강한 그립이 가장 큰 원인이 된다.
어드레스 때 오픈으로 스탠스를 서는 것도 슬라이스의 원인이다.

어드레스 때 클럽 페이스가 열려 있는지 항상 확인하자

임팩트 순간에 클럽 페이스가 열리기 때문에 슬라이스의 주원인이 된다. 왜 클럽 페이스가 열리는지 원인을 분석해야 한다.

초보 골퍼나 아마추어 골퍼들이 제일 고민하는 것은 슬라이스이다. 슬라이스로 인해 스코어나 샷에 가장 많은 영향을 미친다. 슬라이스는 초보 골퍼나 아마추어 여성 골퍼, 그리고 근력이 약한 골퍼들에게서 많이 나타난다.

앞에서 말한 골퍼들은 대부분 클럽 페이스가 오픈된 상태로 페이스 면이 오른쪽으로 향한 상태에서 볼을 맞추는 경향이 있기 때문이다. 이는 손목의 릴리스가 되지 않기 때문에 나타나는 현상이다.

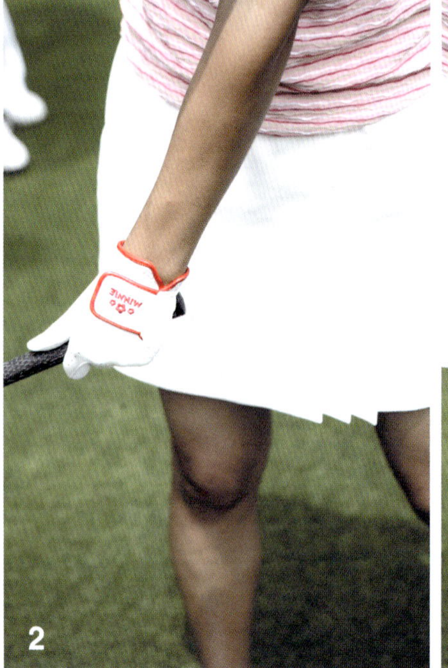
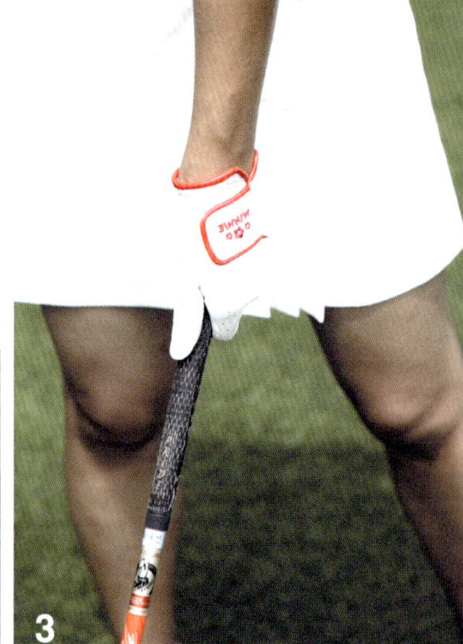

　백 스윙과 임팩트 후 릴리스를 일정한 크기로 연습한다. 눈을 감고 실제로 볼을 친다고 생각하며 손목이 부드럽게 돌아가는 느낌을 가지고 왼손으로 리드하는 연습을 해보자.

　오른쪽으로 볼이 간다고 해서 슬라이스라고 단정을 지으면 안 된다. 슬라이스의 종류는 다양하기 때문이다. 대부분 오른쪽으로 가면 무조건 슬라이스라고 단정을 짓는 골퍼들이 많이 있다. 우선 자신의 슬라이스 유형을 파악하는 게 중요하다.

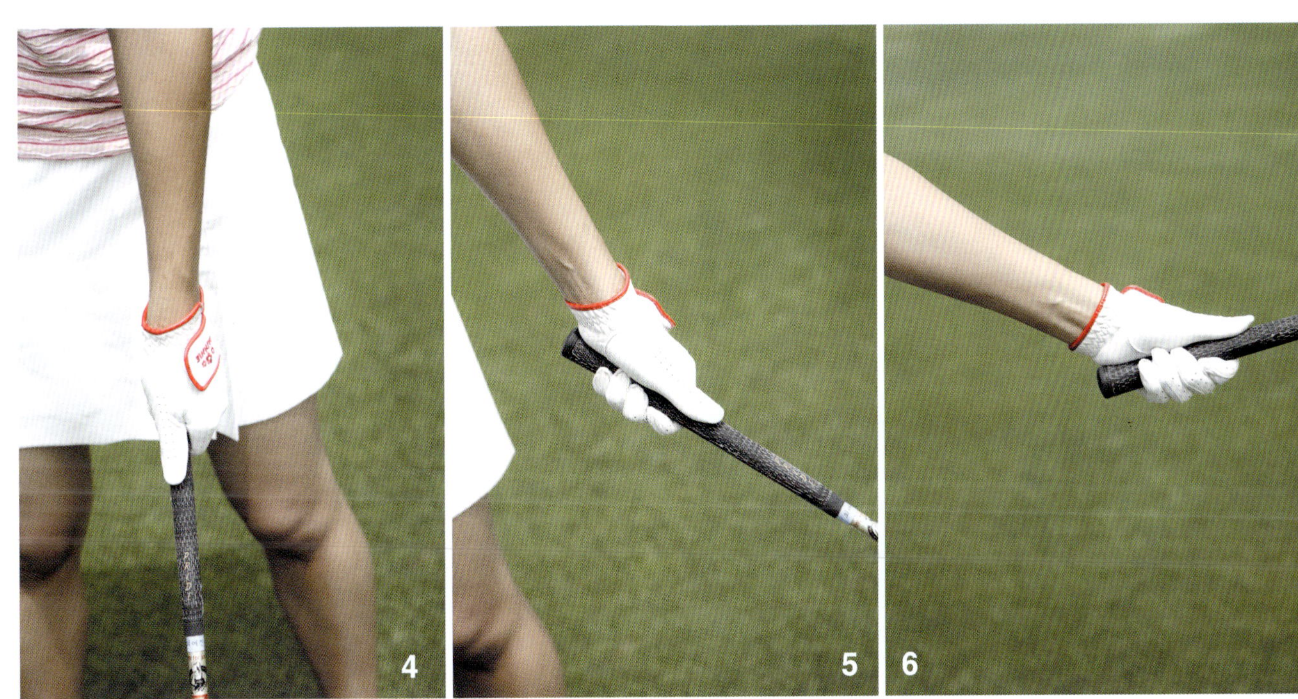

클럽 페이스가 목표방향을 바라보고 있고, 양 발을 오른쪽으로 취하게 되면(오픈 스탠스) 클럽은 밖에서 안으로 들어오게 된다. 이런 경우 대부분 푸시 슬라이스 또는 슬라이스가 난다.

풀 슬라이스

- 볼이 힘없이 가는 초보 골퍼
- 스탠스가 목표방향보다 왼쪽으로 겨냥하는 경우
- 볼이 왼쪽으로 가다가 끝에서 점차적으로 오른쪽으로 가는 경우
- 왼쪽으로 휘어진 홀이 두터운 경우
- 볼의 아래 부분을 치는 티 샷이 나오는 경우
- 긴 클럽일수록 어렵고 거리가 나지 않는 경우
- 디봇이 표적의 왼쪽으로 나 있는 경우
- 팔로 스루가 짧거나 치다만 스윙을 하는 경우
- 그린 주변에서의 쇼트 게임을 아주 잘하는 경우(벙커 샷)

풀 슬라이스의 원인

- 스윙할 때 너무 가파르게 안쪽으로 잡아당기는 경우
- 임팩트 순간 클럽 페이스가 오픈 되고, 양 발이 굽어져 있는 경우
- 다운 스윙을 할 때 상체를 지나치게 사용하여 클럽이 먼저 오지 못하는 경우
- 임팩트 때 가속도를 유지시키지 못하여 스윙 스피드가 감속되는 경우
- 균형감이 없어 스윙을 끝까지 하지 못하고 팔로 스루가 생략이 되는 경우
- 다운 스윙시 오른쪽 어깨가 먼저 앞으로 나오는 경우

풀 슬라이스를 고치는 방법

① 임팩트 순간에 클럽의 스윙 스피드를 그대로 유지시켜 주거나 가속도를 더 내준다.

② 슬라이스가 난다고 해서 오른쪽을 두려워하지 말자. 슬라이스가 더 많이 나도 좋으니 헤드를 낮은 각도로 가지고 와서 바깥으로 던지는 스윙을 하면 팔로 스루가 커지면서 스윙을 좀 더 큰 원형으로 할 수 있다.

③ 임팩트를 지날 때 클럽 페이스 토우 부분을 직각상태에서 닫아주는 형태로 가져간다.

보다 강한 그립을 해라

그립을 점검해 보면 아마도 그립이 왼쪽으로 돌아가 있을 것이다. 그립을 처음부터 다시 시작한다는 느낌으로 양 손을 서로 평행하게 하고 그 상태에서 그립을 잡는다.

풀 슬라이스일 경우에는 약한 그립이 가장 큰 원인이 된다.

양 발과 어깨, 눈을 직각으로 목표를 겨냥한다

양 발과 어깨, 눈을 타깃을 향하여 평행으로 정렬한다. 어드레스 때 오른팔을 더 낮게 위치시키고, 부드러운 상태로 유지한다. 대부분의 풀 슬라이스 골퍼들은 어드레스 때 오른팔이 너무 높게 위치하고 있으며, 힘이 많이 들어가 있어 풀 슬라이스의 원인이 된다.

연습장에서 연습을 할 경우 거울을 이용하여 자세를 점검하면서 평행으로 만드는 습관을 기르자.

어드레스 할 때 바닥에 클럽을 놓고 방향을 정렬한다.

볼의 위치와 어드레스 간격을 점검하자

대부분의 풀 슬라이스 골퍼들은 볼의 간격을 멀리 앞으로 위치시킨다.
왼발 뒤꿈치의 안쪽 지점으로 볼을 이동시킨다.

스윙을 끝까지 유지시켜 피니시를 꼭 하는 습관
을 기르자

대부분의 풀 슬라이스 골퍼들은 스윙을 끝까지 하지 못하고 스윙을 하다 마는
경우가 많이 있다. 볼이 정확히 맞지 않더라도 끝까지 피니시를 하는 연습이 중
요하다.

푸시 슬라이스

- 볼을 보면 100% 힘으로만 치는 경우
- 클럽 페이스 바깥부분에 맞는 샷이 나오는 경우
- 볼의 윗부분을 치는 샷이 자주 나오는 경우
- 가끔 심한 훅이 나오는 경우
- 볼이 처음부터 오른쪽으로 가는 경우
- 비거리의 기복이 큰 경우

푸시 슬라이스의 원인

- 스윙할 때 너무 가파르게 오른쪽 어깨가 내려오는 경우
- 임팩트 순간 헤드 업을 하는 경우
- 다운 스윙 때 체중이동이 빨리 되면 왼쪽 엉덩이가 먼저 돌고 양 팔이 뒤로 처져 클럽 페이스가 오픈 된 경우
- 임팩트 때 축이 무너져 어드레스 자세로 만들지 못하는 경우
- 몸의 움직임이 많아져서 손을 이용하여 볼을 맞추게 되는 경우
- 스윙의 리듬을 모르는 경우

푸시 슬라이스를 고치는 방법

① 왼쪽 어깨를 고정시키고, 클럽만 얼굴 밑으로 빠져나가는 느낌으로 움직인다.
② 양 발과 엉덩이, 하체를 좀 더 하나가 된 느낌으로 움직이도록 한다.
③ 자기만의 리듬 감각으로 연습을 해야 한다.

왼손 그립을 점검한다

푸시 슬라이스를 하는 골퍼들은 손목의 힘이 강하기 때문에 왼쪽 손목의 힘을 빼고 그립을 잡는 것이 중요하다. 왼쪽 손목을 꺾이지 않고 평평하게 만들어 그립을 잡는다.

직각으로 셋업 한다

양 발과 엉덩이, 어깨, 눈을 목표를 향하여 평행으로 정렬한다. 풀 슬라이스, 푸시 슬라이스 골퍼들은 목표 설정에 문제가 있다.

볼의 위치를 확인한다

푸시 슬라이스 골퍼들은 볼을 너무 왼쪽으로 놓고 플레이한다. 볼을 왼쪽으로 두면 그것을 맞추러 가기 때문에 더 큰 슬라이스를 만든다. 클럽의 길이가 있듯이 정확한 볼 위치는 중요하다. 연습장에서 연습할 때 클럽에 맞는 정확한 볼의 위치를 항상 확인하는 습관을 기르자. 볼의 위치는 볼이 바로 갈 수 있게 만드는 지름길이다.

올바른 체중이동을 한다

체중을 지나치게 오른쪽으로 이동시키면 볼을 칠 때는 오른발에 체중이 남게 된다. 그러면 역시 볼은 심한 슬라이스가 생긴다. 백 스윙에서 오른발로 이동시킨 체중을 왼발로 이동시키지 못하는 사람은 대부분 슬라이스로 고민한다. 이런 동작을 하는 아마추어 골퍼가 많은 것은 팔로만 치거나 지나치게 오른쪽에 체중을 많이 두기 때문이다.

스윙을 부드럽게 한다

푸시 슬라이스 골퍼들은 몸의 힘을 빼고 부드러운 스윙을 하는 연습이 중요하다. 볼을 전적으로 힘으로만 치려 한다면 일정한 거리를 내지 못할 확률이 생긴다. 항상 일정한 거리를 내는 연습이 중요하다.

올바른 티 높이

티를 너무 높게 꽂으면 하이 볼이 나오고, 너무 낮게 꽂으면 로우 볼이 나오게 된다. 이러한 실수를 줄이려면 어드레스 때 볼이 드라이버의 위쪽으로 절반 정도 올라오도록 티를 꽂아야 한다.

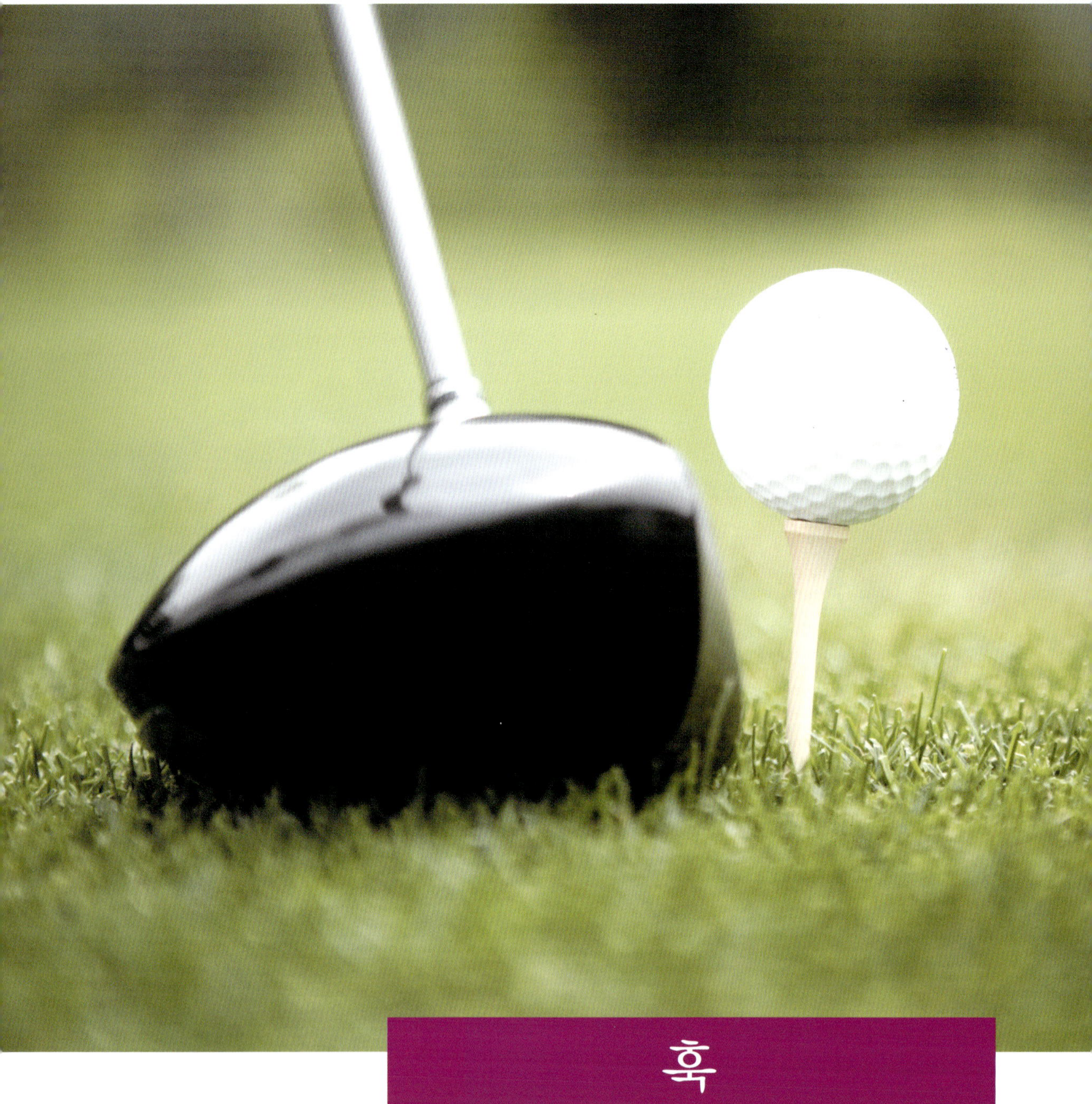

훅

훅이 나는 결정적인 요인은 임팩트 때 클럽 헤드가 닫혀진 상태로 공에 맞기 때문에 왼쪽으로 가는 결과가 생긴다.

골프에는 정석이 없다. 단 그 사람의 체형과 나이, 성별, 성격, 스타일에 따라 각각 변화되지만, 그립과 어드레스와 스윙 궤도는 기본적으로 정확한 프레임이 있다.

어드레스 때 클럽 페이스가 닫혀 있는지 항상 확인하자

훅의 주 원인은 임팩트 순간에 클럽 페이스가 닫히기 때문이다.

왜 클럽 페이스가 닫히는지 원인을 분석해야 한다.

강한 그립을 잡으면 클럽 페이스가 닫힌다

임팩트 때 클럽 페이스가 빨리 닫히는 가장 큰 원인은 오른손 그립을 강하게 잡기 때문이다.

강한 그립을 잡는지 확인하자.

일반적으로 훅이 나는 원인에 대해서 알아보면 먼저 어드레스 자세에서 그 원인을 찾을 수 있다. 어드레스가 잘되었다 하더라도 훅이 날 수 있다. 상체가 하체보다 먼저 리드하면 다음 동작 스윙 중에 손목이 빨리 돌아가게 된다. 이런 스윙을 하면 손의 힘으로 치게 되고, 훅이 나게 되며 스윙 속도도 빨라지게 된다.

볼과 스탠스의 위치가 가까우면 어깨의 회전이 작아지게 된다. 그러므로 스탠스 폭을 확인한다.

또한 어깨가 어드레스 때 왼쪽으로 겨냥하고 있으면 다운 스윙에서 몸이 먼저 나가게 되므로 훅이 나기 쉽다. 지나치게 왼쪽을 바라보는 것은 아닌지 확인한다.

어드레스에서 스탠스 폭이 너무 넓으면 백 스윙과 다운 스윙시 체중의 이동이 느리고, 다운 스윙을 할 때 몸의 움직임이 둔해진다. 이 때 손목 움직임이 빨라지면서 공이 왼쪽으로 휘게 된다.

또 상체가 하체보다 먼저 움직이게 되면 손목이 빨리 돌아가게 된다.

다운 스윙 때 오른손이 리드하면서 힘이 들어가면 스윙 궤도가 인 - 아웃으로 감아 치게 된다.

이런 것들이 훅이 나는 원인들이다.

9가지의 비행궤도

푸시 Push

푸시 슬라이스
Push slice

푸시 훅
Push hook

스트레이트
straight

슬라이스 slice

풀 슬라이스
pull slice

훅 hook

풀 pull

풀 훅
pull hook

클럽의 이동궤도는 클럽 페이스의 정렬상태와 목표방향이 서로 다양하게 결합하여 슬라이스, 훅, 스트레이성 구질 등과 같은 9가지의 비행궤도를 만든다. 볼에 대한 클럽의 접근 각도는 샷의 탄도, 즉 높이를 결정짓고 임팩트 때의 클럽 속도는 비거리를 결정하는 중요한 요소가 된다.

인사이드 - 인 궤도

훅 : 직선궤도에서 임팩트시 클럽 페이스가 닫힌 경우. 볼이 목표방향으로 가다가 왼쪽으로 휘어진다.

슬라이스 : 직선 궤도에서 클럽 페이스가 열린 경우. 볼이 목표 방향으로 가다가 오른쪽으로 휘어진다. 휘어짐이 많으면 슬라이스, 적으면 페이드라 부른다.

스트레이트 : 직선궤도에서 임팩트시 클럽 페이스가 스퀘어가 된 경우. 볼이 목표방향으로 일직선으로 날아간다.

인사이드 - 아웃 궤도

푸시 - 슬라이스 : 안에서 바깥으로 임팩트시 클럽 페이스가 열린 경우. 볼이 목표 오른쪽 방향으로 시작해 계속 오른쪽으로 더 휘어진다.

푸시 - 훅 : 안에서 바깥으로 임팩트시 클럽 페이스가 닫힌 경우. 볼이 목표 오른쪽 방향으로 가다가 다시 목표방향으로 되돌아 온다.

푸시 : 안에서 바깥으로 임팩트시 클럽 페이스가 스윙 궤도와 스퀘어가 된 경우. 볼이 목표 오른쪽 방향으로 시작해 일직선으로 진행된다.

아웃사이드 - 인 궤도

풀 - 훅 : 바깥에서 안으로 임팩트시 클럽 페이스가 닫힌 경우. 볼이 목표 왼쪽 방향으로 시작해 왼쪽으로 더 휘어진다.

풀 - 슬라이스 : 바깥에서 안으로 임팩트시 클럽 페이스가 열린 경우. 볼이 목표 왼쪽 방향으로 시작해 목표 오른쪽 방향으로 휘어진다.

풀 : 바깥에서 안으로 임팩트시 클럽 페이스가 스윙궤도와 스퀘어가 된 경우. 볼이 왼쪽 방향으로 시작해 일직선으로 진행된다.

Beginning of Golf

CHAPTER 06
TROUBLE SHOT
트러블 샷

벙커

　벙커 샷은 대부분의 아마추어 골퍼들이 어려워하는 샷이다. 벙커 플레이의 원칙을 이해한다면 보다 나은 벙커 샷을 할 수 있을 것이다.

　벙커에서 탈출하려면 클럽을 이해하는 것이 좋다. 클럽 모양은 모래를 잘 떠올리기 쉽게 디자인되어 있다. 샌드 웨지는 넓고 무거운 바운스가 리딩 에지보다 낮게 자리 잡고 있다. 리딩 에지가 모래에 닿기 전에 바운스가 모래 속에 먼저 들어가도록 디자인되어 있어 바운스로 먼저 모래를 치면 클럽 헤드는 부드럽게 모래를 지나가면서 공을 칠 수 있다.

　스탠스를 취하면서 꼭 생각해야 할 점은 모래상태를 점검하는 것이다. 모래의 깊이나 굵기 또는 젖어 있는지, 벙커의 높이는 어느 정도인지 등을 살펴야 한다. 이러한 모래상태를 점검할 수 있는 방법은 양 발을 모래 속에 파묻힐 때 느끼는 것이 좋다. 양 발이 모래 속에 파묻힐 때 모래가 적고 딱딱한 느낌이 드는지 혹은 부드러운 느낌이 드는지에 따라 스탠스 또는 클럽 페이스 모양이 바뀌게 되므로 스탠스를 취하면서 모래상태를 항상 점검하는 것이 좋다.

벙커에서 가장 먼저 해야 하는 일

  벙커에 빠졌을 때 가장 먼저 해야 하는 것은 그립을 잡기 전에 오른손을 사용하여 클럽 페이스를 오픈 하는 것이다. 벙커의 턱이 높을수록 클럽 페이스를 오픈해야 한다. 이 때 클럽 페이스는 목표방향보다 우측을 가리키게 한다.

핀과 약간 멀리 있을 경우

　그린에서 멀리 떨어져 있을 경우에 대부분의 아마추어 골퍼들이 실수를 하는 이유 중에 하나는 멀리 보내야 한다는 생각을 하기 때문이다.

　핀과 약간 멀리 있을 경우에는 정확하고 안정된 어드레스를 취한다. 양 발은 어깨보다 넓게 하고, 발 양쪽 끝을 밖으로 벌린다. 이런 자세를 취하면 아주 낮은 스윙을 유도하게 될 수 있어 핀쪽으로 공을 보낼 수 있다. 또 양 팔을 이용해 높은 팔로 스루를 해주면 된다.

　백 스윙 때 체중은 왼발에 실어주고, 손목은 완전히 코킹을 해준다. 머리는 고정시키고, 다운 스윙 때에는 클럽이 타깃 라인 안쪽으로 지나가게 클럽을 몸 안쪽으로 밀착시킨다.

　볼의 아래 부분을 클럽 헤드로 쳐내듯이 해야 한다. 이 때 전체적인 체중은 왼쪽에 실려야 한다.

벙커 샷에서의 연습방법

좋은 위치에 볼이 있을 경우에는 과감한 샷이 좋다. 클럽 페이스를 더 오픈시킬수록 볼은 부드럽게 나오고 런이 줄어든다. 스탠스와 클럽 페이스는 오픈시킨다.

그립은 약간 짧고 가볍게 잡는 것이 좋다. 발을 비벼서 모래에 파묻는 느낌으로 하고 엉덩이와 어깨는 목표 방향보다 왼쪽을 겨냥한다.

체중은 왼발에 둔다.

볼에서 2~3cm 뒤에 선을 그은 후 볼을 세로로 놓은 다음 그은 선에 클럽의 바운스로 다운 스윙을 하면서 볼을 친다. 이와 같은 연습은 몸의 긴장감을 적게 만들어 주며, 벙커 샷의 리듬을 찾을 수 있게 해준다.

벙커 오른발 내리막

체중을 오른쪽에다 두고 하체를 움직이지 않는다

볼이 발 위에 있을 때에는 클럽을 짧게 잡고 목표지점의 오른쪽을 겨냥한다.

어깨를 지형의 기울기에 맞추어 평행한 자세를 만든다. 체중은 발끝에 실어주어야 하고, 백 스윙 때 몸을 움직이지 않도록 체중을 오른쪽에 둔다.

벙커 왼발 내리막

아래로 향하는 스윙을 하기 위해 볼은 중앙에 놓는다. 체중은 왼발에 두어서 안정감을 취해야 하며, 백 스윙은 가파르게 들어야 한다. 볼의 뒤를 겨냥하고 다운 스윙 때 지면과 평행으로 낮게 스윙을 하여 클럽 헤드가 볼 밑의 모래를 따라 최대한 낮게 가야 한다. 무릎은 가능한 한 고정시켜야 하며, 스탠스 넓이는 보통 때보다 넓게 선다.

에그 플라이 벙커에서의 어드레스는 클럽을 닫아 둔다

볼이 모래 속에 깊게 묻혀 있을 때 제일 중요한 것은 핀에 붙이겠다는 생각보다는 볼을 벙커 밖으로 탈출시키는 것을 목표로 한다.

이 상황에서는 볼 뒤를 깊고 과감하게 폭파시킨다고 생각한다. 백 스핀이 걸리지 않으므로 런이 많이 발생하는 점에 유의해야 한다.

백 스윙 때 클럽을 바로 올려, 평소보다 가파른 백 스윙을 해야 한다. 또한 가파른 다운 스윙을 하여 볼 바로 뒤를 쳐야 한다. 에그 플라이에서는 클럽을 닫아야 클럽이 모래에 박히지 않고 벙커를 탈출할 수 있다. 클럽을 닫지 않고 클럽 페이스를 오픈하면 볼이 맞을 때 톱 볼이 나오거나 클럽이 모래에 박혀서 볼이 나오지 않는다. 클럽이 모래에 들어가면서 각도가 변하므로 팔로 스루는 간결하게 해준다.

그립을 짧게 내려서 잡고, 양 발·엉덩이·어깨를 바르게 정렬해야 한다. 체중은
양 발에 균등하게 둔다. 지형상 풀, 훅의 구질이 생기기 때문에 핀의 위치보다 우측
을 보고 겨냥한다.

클럽 페이스는 스퀘어로 두어야 하고 아이언 클럽을 칠 경우에는 스탠스 중앙
에 볼을 위치시킨다. 그립은 짧게 잡아서 볼의 뒤를 치는 것을 방지한다.

발보다 볼이 아래에 있을 경우

볼의 위치가 발 아래에 있을 경우에는 일반적으로 볼 위치가 낮기 때문에 볼의 윗부분을 치는 경우가 발생하기가 쉽다. 또 지형적인 문제로 인해 푸시 또는 푸시 슬라이스를 유발하기가 쉽기 때문에 지면과 수직이 되도록 스탠스를 취하고 무릎을 많이 굽히는 것이 안정감을 줄 수 있다. 스탠스와 볼은 가깝게 하고 머리 높이를 고정시킨다. 그립을 길게 잡아서 볼의 윗부분을 치는 것을 방지해야 한다.

클럽을 길게 잡고 체중은 발 뒤쪽에 둔다

양 발을 어깨넓이로 벌려 선다. 양 발·엉덩이·어깨를 바르게 정렬해야 하고, 체중은 발 뒤쪽에 두어야 한다. 지형상 푸시 또는 푸시 슬라이스 구질이 생기기 때문에 핀 위치보다 좌측을 겨냥한다.

클럽 페이스는 스퀘어로 두어야 하고, 아이언 클럽을
칠 경우에는 스탠스 앞쪽에 볼을 위치시킨다. 그립은
길게 잡아서 볼의 윗부분을 치는 것을 방지한다.

바람에 강해지는 방법

　많은 골퍼들이 바람부는 날을 두
려워한다.
　골프는 자연과의 싸움이다. 그러
나 실전 라운드에서 약점을 보이는
골퍼들이 의외로 많이 있다.
　바람이 부는 날에도 목표방향으
로 정확히 공략하고 비거리를 유지
하는 것은 스코어를 줄이는 데 큰
효과가 있을 것이다. 그것은 "자연
을 내편으로 만드는 것"이다. 바람
이 분다고 해서 너무 힘을 주지 말
고 바람을 느끼는 것도 좋은 방법
이 될 수 있다.

맞바람이 불 때

볼 위치와 티 높이가 중요하다

바람이 불 때 어드레스를 대충 취하는 것은 매우 위험한 시작이다.

골프라는 운동은 정지되어 있는 볼을 치는 것이기 때문에 어드레스 동작에서 가장 중요하게 생각해야 할 것은 볼을 치기 위한 준비동작을 하는 것이다. 바람이 불 때일수록 침착하고 정확하게 어드레스를 취하는 것이 매우 중요하다. 맞바람이 불거나 뒷바람이 불면 대부분의 골퍼들은 볼을 세게 쳐야 된다는 생각을 하게 된다. 그런 생각들은 오히려 제대로 된 스윙을 하기 힘들뿐만 아니라 거리도 현저하게 줄어든다. 바람이 불 때 자세를 그대로 유지하면서 잘 칠 수 있는 방법은 불필요한 힘을 빼고 부드러운 스윙을 하는 것이다.

뒷바람이 불 때

맞바람이 불 때

강한 바람이 불 때는 스윙 축이 흔들리기 쉽다. 특히 바람부는 날 스윙 축이 흔들리면 정확하게 볼을 맞추기가 힘들기 때문에 힘을 가하기보다는 힘을 빼고 안정된 스탠스로 폭넓게 취하는 게 좋다.

바람의 영향을 덜 받기 위해서는 볼의 위치가 낮아야 한다. 평소보다 티 높이를 낮게 꽂고 볼 위치도 안쪽으로 한 두 개 정도 놓은 상태에서 평소대로 스윙을 하면 볼은 바람의 영향을 덜 받는다.

스윙은 똑같으나 낮은 구질로 볼이 간다. 이것은 왼손을 약간 강하게 잡으면 헤드가 강하게 움직이고 안쪽에서 들어가기 때문에 맞바람에 강한 구질을 구사할 수 있는 방법 중에 하나이다.

오른발을 1/2 발자국 오른쪽으로 옮겨 안정감 있게 선다.

뒷바람이 불 때

뒤에서 바람이 불 때는 바람을 100% 이용한다. 볼을 왼발 앞에 위치하고 티 높이를 평소보다 높게 한다. 즉 볼을 높게 띄워야 멀리 보낼 수 있는 것이다. 뒤에서 바람이 불 때는 바람을 100% 이용하는 것이 좋으나 볼을 '멀리 보내자.' 라는 생각은 머리에서 지워버려야 한다.

볼을 띄워야 하므로 티 높이를 높게 한 뒤 그립은 짧게 잡고, 피니시는 평소보다 높게 한다

뒷바람일 때 볼을 멀리 보낸다는 생각을 하면 스윙 축이 흔들리기 쉬우므로 스탠스 폭을 넓히고, 그립을 짧게 잡고, 높은 궤도로 휘두른다. 그립을 짧게 잡았으므로 피니시도 평상시보다 높은 위치로 들어준다. 그래야 바람이 불어도 좌우로 휘어지지 않는 높은 볼을 구사할 수 있다.

체중분배

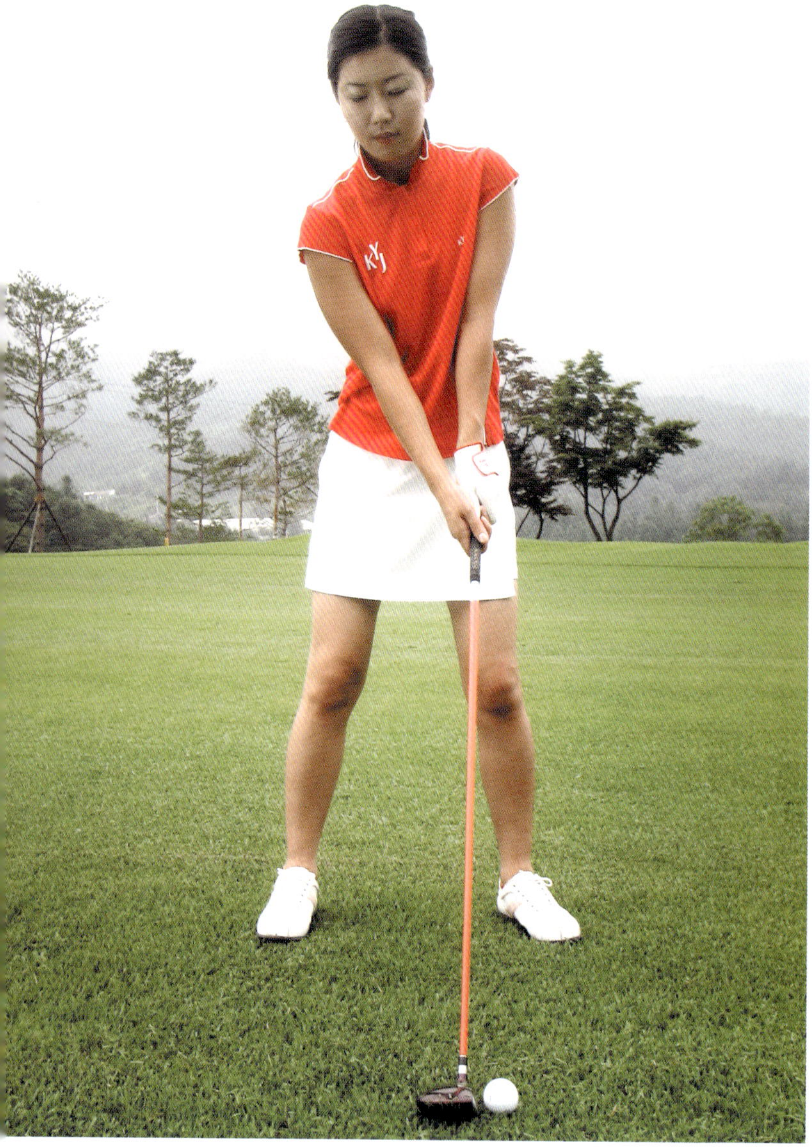

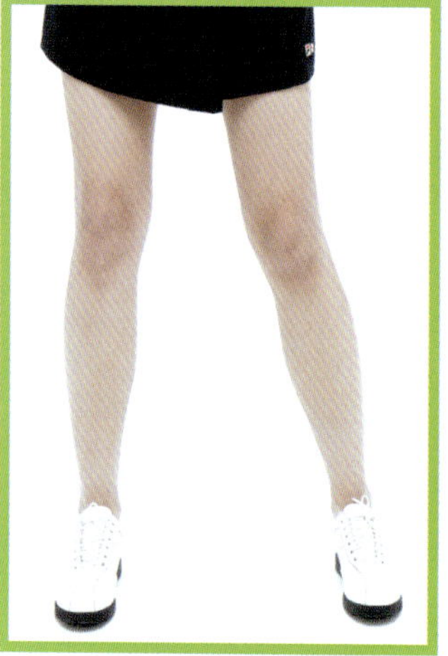

7 : 3(뒤에서 바람이 불때)

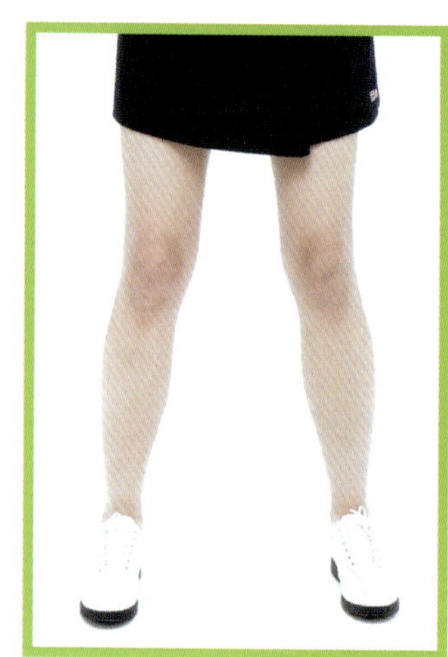

5 : 5(평상시)

뒤에서 바람이 불 때는 체중을 평상시보다 오른쪽에 많이 둔다.

다만 주의할 점은, 체중을 오른쪽으로 두라고 하면 오른쪽 어깨가 같이 내려가 버리는 골퍼들이 많은데 좌우의 어깨높이는 바뀌면 안 된다. 어깨높이가 바뀌는 것은 스윙을 들어올리게 되므로 어깨높이에 신경을 써야 한다.

슬라이스로 바람이 불 때

슬라이스 볼은 훅 구질에 비해 약하므로 바람의 영향을 많이 받는다. 훅에 비해 슬라이스가 더 많이 휜다는 점을 유의하여 생각하고 목표방향 설정에 신경써야 한다.

코스는 방향에 따라 매번 달라질 수 있으므로 바람이 부는 방향도 항상 달라진다. 기본적으로 바람은 일정한 방향으로 불지만, 우리 나라는 산악지대가 많기 때문에 바람이 다양한 방향으로 불 수 있으므로 주의한다. 이렇게 슬라이스 방향으로 바람이 불 때는 백 스윙을 길고 낮게 가져가고, 팔로 스루는 반대로 작게 한다. 오른발에 평상시보다 체중배분을 많이 두고 스윙을 해야 약간의 드로 볼을 구사할 수 있다. 그래야 슬라이스 바람이 불어도 페어웨이 중앙에 볼을 보낼 수 있다.

백 스윙은 짧게

훅으로 바람이 불 때

훅 바람은 슬라이스 바람에 비해 바람의 영향이 적다

훅 바람은 비거리가 줄지 않고 런도 많아진다. 하지만 바람이 분다는 것을 명심하고 목표 방향 설정을 해야 한다. 만약 드로 볼 구질을 구사하고 있는 골퍼라면 훅 바람이 어려울 것이다. 그러므로 이런 골퍼들은 체중분배를 오른발보다 왼발에 더 두어야 한다. 그리고 백스윙의 크기를 작게 하고 팔로 스루를 길게 한다. 그래야 페이드를 쉽게 구사할 수 있기 때문이다.

페이드를 구사할 때는 손목이나 인위적인 몸 동작으로 조절하기보다는 평상시 스윙을 해야 한다. 훅 바람의 영향을 받지 않기 위해서는 낮은 볼을 치는 것이 유리하다. 그러기 위해서는 볼 위치가 매우 중요하다. 보통보다 체중을 왼쪽으로 더 두고, 볼을 한 두 개 정도 우측에 놓는다. 훅 바람이 불 때 몸통회전에 주의하면서 샷을 하는 것이 중요하다.

다운 스윙은 길게

바람을 점검할 때는 위험지역을 철저히 점검한다

바람이 불면 주위를 한 번 둘러보자. 바람의 방향에는 골프장의 기압의 영향뿐만 아니라 골프장의 코스에 따라 어느 정도의 특징과 특색이 있다. 요즘 골프장은 인위적으로 코스를 만든 곳이 많다. 이에 따라 산 속에서의 바람은 다양하게 불 수 있으므로 주의한다.

각 골프장마다 스코어 카드 뒷면에 코스 레이아웃이 그려져 있다. 코스 레이아웃에 바람의 방향을 체크하는 것이 좋다. 라운드 하기 전에 전체적인 바람방향, 자연물 등을 이용해 바람방향을 점검하도록 한다. 바람을 점검할 때 피부로 느끼는 것 외에 나뭇잎의 흔들림, 그린 위의 깃발, 연못의 물결, 산의 위치 등 경관을 주의 깊게 살피면서 코스 공략을 하자. 바람이 부는 날에는 이런 것을 살피며 라운드 하는 것이 중요하다.

또한 멋있게 잔디를 날려 보는 것도 좋다. 그것으로 바람의 방향을 알아볼 수 있다.

이는 바람에 따라 클럽의 선택과 볼의 구질이 달라지기 때문에 필요한 동작이다.

코스 레이아웃 그림이 있으면
바람의 방향을 적어 놓는다.

러프

티잉 그라운드와 그린 사이에 짧게 잔디를 깎아놓은 부분을 페어웨이라 부르며, 양 옆으로 길게 자란 잔디를 러프라고 부른다.

러프 위에 떠 있는 볼

러프에 있더라도 볼이 잔디 위에 떠 있을 경우와 볼이 잔디 위에 떠 있지 않을 경우, 즉 상황에 따라서 클럽 선택을 신중하게 하는 것이 중요하다. 볼이 잔디 위에 떠 있을 경우에는 클럽이 별 저항 없이 볼 아래로 빠져 나올 수 있기 때문에 볼의 탄도는 높아지고, 볼을 좀 더 정확하게 클럽 페이스에 맞추기가 쉽다.

볼이 잔디 속으로 깊게 박혀 있을 경우에는 볼을 띄우기가 어렵다. 그러므로 잔디의 저항을 덜 받기 위해서 스윙을 강하게 할 필요가 있다. 볼이 러프 속으로 내려앉아 있을 때 볼을 좀 더 정확하게 맞추기 위해서는 가파른 스윙이 필요하기 때문에 가장 짧은 클럽을 사용하여 클럽 페이스와 볼 사이의 저항을 최소화시켜야 한다.

러프 안에 박혀 있는 볼

　러프에 볼이 빠졌을 경우에는 자신의 볼을 떨어뜨리고 싶은 지점과 그것에 필요한 샷의 탄도를 머릿속으로 그려보고, 원하는 탄도를 뽑아낼 수 있도록 하는 것이 중요하다. 어드레스 때 미리 클럽 페이스 로프트의 각도를 확보해 두고, 결정한 뒤에는 그 클럽의 로프트로 정확하게 볼을 맞추도록 한다.

몸무게를 왼쪽으로 좀 더 많이 실어 준다
(7 : 3의 비율).

러프에 볼이 빠졌을 경우

첫째, 잔디의 길이와 깊이를 먼저 생각한다.

둘째, 볼의 비거리와 방향을 미리 생각하고 결정한다.

셋째, 클럽 선택은 매우 중요하므로 신중히 생각하고 결정한다.

러프를 탈출할 때 잘못된 클럽을 선택하게 되면 계속해서 실수를 하기가 쉽다.

로프트가 낮은 골프채일수록 잔디의 저항이 심해서 원하는 거리를 낼 수 없다. 그렇기 때문에 무리한 욕심을 내기보다는 탈출한다는 생각으로 클럽 선택을 하는 것이 중요하다. 꼭 온을 시키겠다는 마음보다는 여유를 가지고 로프트가 높은 클럽을 선택하여 잔디의 저항을 덜 받고 골프 클럽이 쉽게 빠져 나오기 쉬운 클럽을 선택하는 것이 중요하다.

볼이 러프에 빠졌을 때 주의해야 할 점은 손목은 그대로 단단히 유지해야 한다는 것이다.

또한 스탠스는 약간 열고 안정적인 자세를 취하는 것이 좋다. 볼의 위치는 중심의 바로 앞쪽에 놓고 플레이한다. 절대 두려워하지 말고 스윙을 자신 있게 휘두른다. 러프가 길수록 더 강하게 스윙을 휘둘러야 볼을 빼낼 수 있다. 다음 샷을 위해서 탈출한다는 생각을 하고 대담하게 플레이를 한다.

CHAPTER 07
골프의 패션

옷을 잘 입으면 볼도 잘 칠 수 있다

골프 웨어

골프는 4시간 가량 필드에서 하는 운동이다. 한 번 18홀을 라운드하다 보면 8km 정도를 걷는다. 라운드를 진행하다 보면 땀이 비오 듯 흘러내리고 옷이 몸에 달라붙어 불쾌한 기분이 들곤 한다. 옷에 따라 컨디션도 좋아지거나 나빠지는 법이다. 그러므로 기능성은 물론 소재, 색상, 디자인 등 여러 가지 면을 따져보고 의상을 골라야 도움이 될 수 있다.

땀이 나면 옷이 몸에 달라붙어 휘감기기 때문에 스윙 할 때 불편하다. 그러므로 라운드 동안 흘리는 땀을 잘 흡수하고, 빨리 마르게 하며 추위나 더위를 덜 느끼도록 하는 실용적인 골프 웨어가 좋다. 요즘은 골프 웨어에 자외선 차선, 방풍성, 흡습성 등의 기능이 첨가되고 있다. 또 골프 웨어 브랜드마다 자신들은 특수한 기능을 갖췄다고 이야기한다. 그러나 무엇보다도 중요한 것은 내게 맞는 골프 웨어를 선택하는 것이다. 땀이 많이 나는 사람은 디자인도 고려해야겠지만 무엇보다도 흡습성이나 땀이 빨리 마르는 제품을 구매하는 것이 좋다. 원활한 스윙을 위해서는 스트레칭 소재로 암홀이나 겨드랑이 부분이 처리된 골프 웨어가 좋으며, 우중 플레이도 마다 하지 않는 골퍼에게는 방수 기능이 무엇보다 중요하다.

비가 내릴 때나 무더운 날에는 긴 팔보다는 주로 소매가 없는 웃옷, 통이 넓어 통풍이 잘되는 바지가 편하다.

여름철 라운딩

여름 그린은 잔디가 빨리 자라기 때문에 힘이 있고, 무거우며, 대체적으로 느린 편이다. 따라서 오전과 오후의 공략법이 달라진다. 잔디가 자라난 오후 그린은 아침 그린에 비해 느리다. 오전에는 평상시보다 라이를 더 봐주면 좋지만 오후에는 라이를 더 보고 좀 더 강하게 스트로크를 해야 한다.

골프광들에게는 한낮에 작열하는 태양 아래서 즐기는 골프도 나름대로 묘미가 있겠지만, 너무 무리한 라운드는 피하는 것이 현명한 방법이다.

프로들은 새벽 골프를 선호한다. 우선 일찍 일어나 상쾌한 공기를 마시는 기쁨이 크기 때문이다. 새벽 골프는 여유롭게 플레이를 할 수 있고, 라운드를 마친 이후 시작되는 긴 하루를 유용하게 활용할 수도 있다.

여름은 체력 소모가 큰 계절이다. 그러므로 컨디션을 잘 조절하는 골퍼만이 여름 라운드를 효과적으로 즐길 수 있다. 여름철에 최적의 컨디션을 유지하기 위해 지켜야 할 원칙은 잘 먹고, 잘 자는 것이다. 숙면은 피로회복뿐만 아니라 체력 유지, 컨디션 조절에 도움이 된다.

라운드 전이나 후 또는 아침, 저녁으로 30분 정도의 스트레칭은 근육의 긴장을 풀어줘 컨디션을 유지하는데 좋다. 아마추어 골퍼들은 클럽을 꽉 쥐고 휘두르다 보면 힘줄에 피로감이 더해지고 결국 부으면서 통증을 느끼게 되는데, 연식 정구공을 쥐었다 놓는 연습으로 손가락 힘줄을 강화시키면 좋다. 평상시 꾸준한 스트레칭과 웨이트 트레이닝으로 근력을 향상시키는 것이 최선의 방법이다.

라운드 전에 미리 충분한 수분을 섭취하고 플레이 도중에도 틈이 날 때마다 물을 마시는 것은 탈진을 예방하는 최선의 방법이다. 개인차는 있겠지만 너무 차갑지 않은 물을 마시는 것이 바람직하다. 한여

름에 라운드 전의 과식은 위에 부담이 되기 때문에 피하는 것이 좋다. 무더운 날씨에 플레이를 할 경우, 얼음물과 얼음 팩 등으로 몸을 차갑게 할 수 있는 준비물을 챙기자.

　무더운 여름철에 최상의 컨디션을 유지하려면 그늘집을 잘 활용하는 것이 좋다. 땀을 닦으면서 음료를 마시는 여유를 누릴 수 있고, 긴장감이 해소되어 게임 구상도 할 수 있다.
　만약 라운드중 불쾌지수가 높아진다면, 기분전환을 위해 좋은 일을 떠올리는 것도 나쁘지 않다. 라운드 이후의 친구와의 약속, 시원한 맥주 한 잔 등을 생각하며 기분을 내보는 것도 플레이에 도움이 된다.

피부

　장시간 햇볕에 노출되어 잡티 등의 피부 트러블이 생길 수 있고, 피부의 수분을 빼앗겨 피부 노화를 촉진시킬 수도 있다. 이런 피부 노화의 주범은 바로 자외선이다.

　여름에는 기온이 1~2°C 올라갈 때마다 피지 분비가 5~10% 정도 늘어나며, 피부 트러블의 위험이 증가되기 때문에 나이가 어린 골퍼들의 경우 태양광선 스트레스로 인한 여드름 증상을, 나이 든 골퍼의 경우 기미·잡티·주름 등을 고민하는 경우가 많다.

　자외선은 산란 양이 많아 여름 한낮에는 그늘에 있더라도 일광화상의 원인이 된다. 특히 라운드 중에는 벙커의 모래나 해저드의 물에 의해 산란 양이 증가되어 피부 손상이 더 심해질 수 있다.

　오전 10시부터 오후 2시까지는 자외선 주의보가 내려지는 시간이다. 많은 사람들이 흐린 날에는 자외선으로부터 안전하다고 생각하는데, 비가 내리는 날에도 많게는 70% 정도의 자외선이 피부를 더 자극할 수 있음을 잊지 말자. 특히 오존층이 파괴된 요즘, 자외선 차단은 사계절 내내 이뤄져야 한다. 자외선 차단제를 고를 때는 SPF 지수도 중요하지만, 자외선의 95%를 차지하는 자외선 A를 차단시켜줄 수 있는 'UVA 프로텍터' 제품인지 확인해야 한다.

　자외선에 장시간 노출될 경우 어느 정도의 피부 트러블은 감안해야 하지만 평소 꾸준히 피부 관리를 해준다면 자외선에 의한 피부 손상을 줄일 수 있을 것이다. 시즌 중에는 햇볕에 그을린 피부를 진정시키기 위해 팩을 자주 사용하는 습관을 갖자. 만약 필드에 자주 나가는 골퍼라면 한 달에 한 번은 미백 스킨 케어를 받아야 피부 손상을 줄일 수 있다. 남성의 경우, 모공이 크고 피지 분비가 많은 편이어서 피부가 쉽게 더러워지는 것이 특징이다. 때문에 라운드 전에는 로션 등을 활용해 충분히 수분을 공급해 주고, 라운드 후에는 자외선 차단제를 깨끗이 닦아내는 철저한 클렌징 세안을 해주면 좋다.

　과음, 흡연, 스트레스, 과로 등은 피부 건강에 도움이 되지 않는다. 평소 수분 공급과 영양 공급에 관심을 기울이며, 외출이나 라운드 할 때는 철저하게 자외선을 차단하고, 라운드 후에는 깨끗한 세안으로 피부 스트레스를 줄이는 관리를 할 때 건강한 피부를 유지할 수 있다.

라운드 전

라운드 전에 철저한 기초 관리를 통해 자외선을 효과적으로 차단시킬 수 있도록 하는 것이 중요하다. 우선 스크럽을 사용해 피부의 묵은 각질을 제거해 주면 자외선에 의한 피부 색소의 침착을 줄일 수 있으며, 세안 후에 차가운 화장수와 로션 등을 듬뿍 발라주면 피부 건조가 방지되어 피부 스트레스를 줄이는데 도움이 된다. 일반적으로 피부는 그 상태에 따라 지성·중성·건성·민감성 등으로 나뉘며, 피부 톤과 상태에 따라 관리법이 달라진다. 까만 피부, 지성 피부, 민감성 피부는 자외선에 쉽게 반응한다. 그러므로 SPF 지수가 15~30 정도인 제품을 사용한다. 하얀 피부, 건성 피부는 피부가 빨개지고 화상을 입을 수도 있다. 그러므로 SPF 지수가 높은 제품을 사용한다.

SPF 지수는 '자외선 흡수효과 평가지수' 로 수치가 높을수록 자외선으로부터 보호되는 시간도 길어지는 것이 특징이다. 보통 SPF가 1인 경우 15~20분 정도 자외선을 차단한다고 생각하면 된다.

자외선 차단제는 라운드 시작 30분 전에는 발라줘야 '코팅 효과' 를 충분히 높일 수 있다. 화장을 안 하는 남성의 경우 SPF 50~60의 차단력이 높은 제품으로 피부를 보호하고, 여성은 SPF 30 내외의 제품을 사용하고 되도록이면 메이크업을 짙게 하는 것이 바람직하다. 얼굴 관리가 끝났다면 팔, 다리 등에 자외선 차단제를 발라 라운드에 대비하는 것도 현명한 방법이다.

라운드 중

오전 10시부터 오후 2시 사이에 라운드를 하는 골퍼들에게는 햇볕을 피해야 하는 숙제가 주어진다. 코스가 밀려 플레이라도 지연되면 햇볕에 피부가 더 많이 노출되기 마련이다. 시간이 날 때마다 자외선 차단제를 덧발라 타는 것을 방지하도록 하자. 자외선 차단제를 한 번만 바르고 마는 골퍼들이 많은데, 운동 중에 흘리는 땀이 자외선 차단 효과를 반감시키기 때문에 4~5홀마다 한 번씩은 덧발라주는 것이 좋다. 여성의 경우에도 파우더만을 덧발라주기보다는 자외선 차단제를 반드시 사용할 것을 권한다. 이 때 주의할 점은 코나 광대뼈, 귀 등 돌출 부위에 각별한 신경을 기울여야 한다. 개인에 따라 팔 또는 얼굴에 집중적인 케어를 해주면 좋다. 한여름에는 라운드 티보다 깃이 있는 셔츠를 입어 목이 타는 것을 방지하는 것이 바람직하며, 챙이 넓은 모자나 우산을 활용해 최대한 노출을 피해야 한다.

라운드 후

라운드 후 피부는 지쳐 있다. 특히 땀을 흠뻑 흘린 상태에서는 기름기, 먼지 등이 땀과 결합해 미생물이 번식하기 좋은 환경이 조성되기 때문에 피부 보호를 위해 즉시 샤워나 가벼운 목욕으로 청결을 유지해 주는 것이 좋다. 여름철 피부 건강을 위해서는 철저한 피부 클렌징과 마사지, 수분 공급, 영양 공급 등에 관심을 기울여야 한다. 자외선 차단제는 딥 클렌징이 아니고서는 잘 지워지지 않을 뿐만 아니라 아무리 좋은 제품이라도 피부에 남으면 해롭기 때문에 철저한 세안이 기본이다. 지성 피부는 워터나 로션 타입의 클렌징 제품을, 건성 피부는 크림 타입의 제품을 선택해 깨끗하게 닦아줘야 한다. 세안 후에는 따뜻한 타월 마사지로 모공을 열어주고 찬물로 모공을 조여 피부의 긴장을 풀어주면 좋다. 보습제를 발라 건조해진 피부를 촉촉하게 해주고, 피부 재생에 탁월한 효능을 발휘한다는 비타민 C나 E가 함유된 에센스 제품을 사용해 마무리를 해주면 스트레스, 피로에 지친 피부에 활력을 줄 수 있다.

하루에 4시간 이상 라운드 하는 골퍼들은 어느 누구보다 피부에 신경을 써야 한다. 꾸준히 자외선을 차단시켜준다면 조금이라도 젊은 피부를 유지할 수 있다. 되도록이면 자외선 양이 많은 오전 10시부터 오후 2시까지의 라운드는 피하고 기능성이 있는 모자, 긴 팔, 긴 바지 등으로 자외선을 차단해 주며 자외선 차단제도 꼼꼼히 발라주자. 아이스 밴드나, 해충 퇴치 스프레이, 수분 스프레이 등 아이디어 소품을 활용하면 라운드를 몇 배 더 효율적으로 즐길 수 있을 것이다.

선글라스

골프 라운드를 끝내면 피부 못지 않게 지쳐 있는 것이 눈일 것이다.

여름철에는 특히 햇빛이 강해 눈 또한 쉽게 피로를 느끼게 된다. 그러므로 맨 눈으로 라운드 하기보다 눈에 대한 보호를 적극적으로 해야 한다.

외출시에는 자외선 지수를 확인해 대비할 필요가 있다. 보통 자외선 지수가 3이상이 되면 자외선 대책을 세워야 하며, 5이상이 되면 선글라스와 모자 또는 양산 등으로 자외선을 철저히 차단해줄 필요가 있다.

선글라스를 살 때는 자외선, 가시광선, 반사광선 등의 유해광선을 모두 차단시킬 수

있는 제품을 골라야 한다. 또한 3~4시간 이상 라운드를 해야 하므로 골퍼가 느끼기에 가볍고 움직임이 없어야 하며, 또 땀이 많이 나므로 너무 밀착된 것은 피한다. 라운드를 할 때에는 빛을 많이 받으므로 작은 크기의 렌즈보다 큰 렌즈를 선택하는 것이 요령이다. 또한 렌즈가 편평한 편광렌즈를 선택해야 휘어짐이 없고 반사를 줄일 수 있다. 렌즈의 색깔은 갈색 계열이 자외선 차단 효과가 높고 초록 계열은 자연 색상과 유사하여 피로감이 적다는 점도 참고하는 것이 좋다.

렌즈 색깔은 진한 것보다는 눈이 보일 정도의 진하기가 적당하고, 장시간 착용하여도 눈의 피로가 전혀 없는 시력 보호용 제품을 선택하는 것이 바람직하다.

선글라스를 착용하는 것이 어색하다면 라운드 시작 30분 전부터 착용해서 눈에 익숙해지도록 한다.

겨울철 라운드

추위에 떨면서 몸을 웅크려본 적이 있을 것이다. 이 때 갑작스럽게 몸을 펴면 등에 통증이 오기도 한다. 이런 점을 막으려면 라운드 전에 충분히 워밍업을 해 둔다. 연습장에 들려 몸을 충분히 풀어주거나 따뜻한 물로 미리 가볍게 샤워를 하는 것도 좋다. 또한 스윙을 시작하기 전에는 매번 스트레칭을 하여 근육이 경직되는 것을 방지해야 한다.

내복을 입는다

춥다고 두툼한 옷을 입는다면 보온 효과를 얻을 수 없다. 더군다나 두툼한 옷 때문에 몸이 둔해져서 스윙도 어렵게 된다. 이럴 때는 얇은 내복을 입어주면 좋다. 내복은 보온 효과가 뛰어날 뿐만 아니라 몸에 밀착되어 편안하게 스윙 할 수 있게 해준다.

장갑을 낀다

여성 골퍼들은 골프 장갑을 양손 모두 끼지만 남성 골퍼들은 한쪽만 낀다. 겨울 철 라운드를 할 때는 남성도 양손 모두 장갑을 끼는 것이 좋다. 손이 얼었을 경우 마음먹은 대로 샷을 할 수 없기 때문이다. 손등과 손가락을 보호할 수 있게 해주 는 보온 장갑을 끼자. 손난로와 핫 팩을 이용하여 손을 녹이는 것도 좋다.

모자를 쓴다

우리 몸에서 가장 열 손실이 많은 곳이 머리이다. 따라서 겨울철 라운드에서는 모자를 꼭 챙기는 것이 좋다. 모자에 귀마개가 달려 있는 것을 쓰거나 따로 귀마개를 하여 체온을 유지하는 것도 중요하다.

비가 올 때 준비물

비가 오면 그린이 대체적으로 느리다. 비로 인해 잔디가 무겁고 볼이 물의 영향으로 잘 구르지 않는다. 첫 홀로 가기 전에 연습 그린으로 가서 잔디 컨디션을 느껴보자.

변덕스런 여름 날씨에 대비하기 위해서는 철저한 준비가 필요하다. 화창하던 날에 갑자기 소나기가 내리기도 하고 연일 계속되는 장마로 페어웨이 한 부분이 물로 뒤덮여 있기도 하다.

라운드 중에 갑자기 비가 내린다면 어떻게 해야 할까?

비옷, 우산 외에 우중 라운드에 필요한 것은 무엇인지 찾아 보자.

선 크림

비올 듯이 구름이 잔뜩 낀 날이라도 라운드 전에 선 크림을 챙기는 것을 잊지 말자. 구름 낀 날의 자외선 강도는 맑은 날에 비해 50%이고, 안개 낀 날의 자외선 강도는 맑은 날과 같다. 여름이니만큼 땀이나 물에 지워지지 않는 제품이 좋다.

선 크림은 이마에는 바르지 않도록 한다. 여름철에는 땀을 많이 흘리기 때문에 흘러내려서 눈에 들어가면 눈이 따가울 수 있으므로 이마에는 되도록 바르지 말고 챙이 넓은 모자로 대체하자.

골프화

라운드 내내 골프화가 젖어 있다면 편안하게 골프를 즐길 수 없다. 그러므로 방수 기능이 첨가된 골프화를 신는 것이 좋다.

라운드 후에는 마른 수건이나 헝겊으로 물기를 꼭 닦아 준다. 또 신문지는 습기를 빨아들이기 때문에 라운드 후 신문지를 신발에 넣어두는 것도 한 방법이다. 여름철에 통풍이 잘되는 골프화를 신는 골퍼들은 비옷을 골프 백 속에 넣듯이 방수 기능의 골프화를 골프 백 속에 챙겨 두는 것도 좋다. 비가 올 때 바꿔 신으면 미끄러지는 것을 막을 수 있고 부상 방지에도 좋다.

Point *** 비에 젖은 골프화 관리법
1. 마른 헝겊으로 물기를 닦는다.   2. 바람이 잘 통하는 그늘에 말린다.
3. 골프화의 모양을 유지하기 위해서 신문지나 단단한 종이를 넣어 모양을 잡는다.

주의 : 빨리 말리기 위해 젖은 신발을 햇볕에 말리면 가죽이 수축될 우려가 있다. 가죽 소재의 골프화가 마르면 염분 때문에 하얗게 되는데 이럴 때는 로션이나 물수건을 이용해 제거해 준다.

골프 장갑

여분의 장갑을 준비한다. 가죽으로 된 장갑은 물에 젖었을 경우 수축되거나 미끄러지는 현상이 있으므로 면이나 합성피혁으로 된 장갑이 실용적이다. 비가 올 때 끼는 방수 장갑도 있다.

여분의 장갑을 준비하지 않았다면 샷을 한 후 장갑을 벗는 게 좋다. 벗은 장갑은 수건으로 감싼다든가 바지 주머니에 넣어 두면 다음 샷을 할 때 미끄러움 방지를 할 수 있다.

골프용 수건

골프용 수건은 골프 백에 매달아 사용할 수 있게 디자인 된 제품이다. 만약 골프용 수건이 아닐 경우 100% 면 소재로 된 보통의 타월보다 조금 두꺼운 수건이면 좋다. 골프용 수건으로 클럽이 젖지 않도록 관리를 해준다. 또 볼을 닦는 수건도 준비한다.

양말

여분의 양말을 준비하자. 9홀을 마친 후 양말을 갈아 신으면 보다 쾌적한 기분으로 라운드 할 수 있다.

클럽 닦는 솔

비가 올 때는 샷을 하고 나면 클럽에 모래, 흙, 잔디가 묻기 때문에 클럽 솔로 제거해 준다. 집에서 안 쓰는 칫솔을 사용하는 방법도 있다.

비가 온 후 클럽 관리법

비 오는 날 라운드를 돌고 난 뒤에는 클럽에 남아 있는 습기는 반드시 제거한 후 보관해야 한다. 우중 플레이를 하지 않았다고 하더라도 지면에 물기가 있을 가능성이 크기 때문에 반드시 마른 헝겊이나 수건으로 닦은 후 보관한다. 만약 말리지 않고 그대로 놓아두면 접착제가 불어 수명이 단축될 수 있다. 비를 맞은 클럽은 마른 걸레로 닦아 건조시킨 후 방청제를 구입하여 뿌려준 후 다시 닦는다. 클럽을 집에서 보관할 때는 헤드 커버 및 골프 백 커버를 벗겨 놓는 게 좋다. 골프 백 또한 맑은 날씨에 건조시켜 습기가 생기지 않도록 한다.

헤드 커버를 씌워서 보관할 때는 부식을 방지할 수 있는 약품을 뿌린다. 하지만 부식방지 약품은 윤활제의 역할도 하기 때문에 라운드를 할 때는 이를 완전히 닦아내야 한다.

그립 관리법

쉽게 지나치기 쉬운 그립에 대한 관리도 철저히 해야 한다. 특히 여름철에는 1 ~ 2주에 한 번은 클럽을 깨끗이 손질해준 후 사용하는 것이 좋다.

그립은 클럽과 자신의 몸을 연결하는 것으로, 그립 상태에 따라 스윙도 크게 달라진다. 그립 관리를 제대로 하지 않아 그립 표면이 너무 닳게 되면 파워를 제대로 전달하지 못할 뿐만 아니라 너무 강하게 쥐게 되는 경향이 생겨 미스 샷이 나올 가능성이 커지게 된다.

가장 먼저 주의해야 할 상황은 그립을 청결하게 유지하는 것이다. 그립이 물에 젖었을 때는 라운드 후 마른 헝겊이나 수건으로 깨끗이 닦아서 잘 건조시키는 것이 중요하다. 물에 젖지 않았더라도 여름철에는 손에 땀이 많이 나 이물질이 뒤섞이면 그립이 끈적끈적해질 수 있으므로 중성세제 등으로 잘 닦아야 한다. 실 그립은 칫솔로, 고무 그립은 젖은 수건으로 닦아주면 촉감도 좋고, 그립 본래의 감촉을 잃지 않으며 수명도 오래 간다.

장마철에는 고무 그립보다는 실 그립이 덜 미끄러진다.

가림출판사 · 가림M&B · 가림Let's에서 나온 책들

문학

바늘구멍
켄 폴리트 지음 / 홍영의 옮김
신국판 / 342쪽 / 5,300원

레베카의 열쇠
켄 폴리트 지음 / 손연숙 옮김
신국판 / 492쪽 / 6,800원

암병선
니시무라 쥬코 지음 / 홍영의 옮김
신국판 / 300쪽 / 4,800원

첫키스한 얘기 말해도 될까
김정미 외 7명 지음 / 신국판 / 228쪽 / 4,000원

사미인곡 上·中·下
김충호 지음 / 신국판 / 각 권 5,000원

이내의 끝자리
박수완 스님 지음 / 국판변형 / 132쪽 / 3,000원

너는 왜 나에게 다가서야 했는지
김충호 지음 / 국판변형 / 124쪽 / 3,000원

세계의 명언
편집부 엮음 / 신국판 / 322쪽 / 5,000원

여자가 알아야 할 101가지 지혜
제인 아서 엮음 / 지창국 옮김
4×6판 / 132쪽 / 5,000원

현명한 사람이 읽는 지혜로운 이야기
이정민 엮음 / 신국판 / 236쪽 / 6,500원

성공적인 표정이 당신을 바꾼다
마츠오 도오루 지음 / 홍영의 옮김
신국판 / 240쪽 / 7,500원

태양의 법
오오카와 류우호오 지음 / 민병수 옮김
신국판 / 246쪽 / 8,500원

영원의 법
오오카와 류우호오 지음 / 민병수 옮김
신국판 / 240쪽 / 8,000원

석가의 본심
오오카와 류우호오 지음 / 민병수 옮김
신국판 / 246쪽 / 10,000원

옛 사람들의 재치와 웃음
강형중 · 김경익 편저 / 신국판 / 316쪽 / 8,000원

지혜의 쉼터
쇼펜하우어 지음 / 김충호 엮음
4×6판 양장본 / 160쪽 / 4,300원

헤세가 너에게
헤르만 헤세 지음 / 홍영의 엮음
4×6판 양장본 / 144쪽 / 4,500원

사랑보다 소중한 삶의 의미
크리슈나무르티 지음 / 최윤영 엮음
신국판 / 180쪽 / 4,000원

장자-어찌하여 알 속에 털이 있다 하는가
홍영의 엮음 / 4×6판 / 180쪽 / 4,000원

논어-배우고 때로 익히면 즐겁지 아니한가
신도희 엮음 / 4×6판 / 180쪽 / 4,000원

맹자-가까이 있는데 어찌 먼 데서 구하려 하는가
홍영의 엮음 / 4×6판 / 180쪽 / 4,000원

아름다운 세상을 만드는 사랑의 메시지 365

DuMont monte Verlag 엮음 / 정성호 옮김
4×6판 변형 양장본 / 240쪽 / 8,000원

황금의 법
오오카와 류우호오 지음 / 민병수 옮김
신국판 / 320쪽 / 12,000원

왜 여자는 바람을 피우는가?
기젤라 룬테 지음 / 김현성 · 진정미 옮김
국판 / 200쪽 / 7,000원

세상에서 가장 아름다운 선물
김인자 지음 / 국판변형 / 292쪽 / 9,000원

수능에 꼭 나오는 한국 단편 33
윤종필 엮음 / 신국판 / 704쪽 / 11,000원

수능에 꼭 나오는 한국 현대 단편 소설
윤종필 엮음 및 해설 / 신국판 / 364쪽 / 11,000원

수능에 꼭 나오는 세계단편(영미권)
지창영 옮김 / 윤종필 엮음 및 해설
신국판 / 328쪽 / 10,000원

수능에 꼭 나오는 세계단편(유럽권)
지창영 옮김 / 윤종필 엮음 및 해설
신국판 / 360쪽 / 11,000원

대왕세종 1·2·3
박충훈 지음 / 신국판 / 각 권 9,800원

세상에서 가장 소중한 아버지의 선물
최은경 지음 / 신국판 / 144쪽 / 9,500원

건강

아름다운 피부미용법
이순희(한독피부미용학원 원장) 지음
신국판 / 296쪽 / 6,000원

버섯건강요법
김병각 외 6명 지음 / 신국판 / 286쪽 / 8,000원

성인병과 암을 정복하는 유기게르마늄
이상현 편저 / 캬오 샤오이 감수
신국판 / 312쪽 / 9,000원

난치성 피부병
생약효소연구원 지음 / 신국판 / 232쪽 / 7,500원

新 방약합편
정도명 편역 / 신국판 / 416쪽 / 15,000원

자연치료의학
오홍근(신경정신과 의학박사 · 자연의학박사) 지음
신국판 / 472쪽 / 15,000원

약초의 활용과 가정한방
이인성 지음 / 신국판 / 384쪽 / 8,500원

역전의학
이시하라 유미 지음 / 유태종 감수
신국판 / 286쪽 / 8,500원

이순희식 수수피부미용법
이순희(한독피부미용학원 원장) 지음
신국판 / 304쪽 / 7,000원

21세기 당뇨병 예방과 치료법
이현철(연세대 의대 내과 교수) 지음
신국판 / 360쪽 / 9,500원

신재용의 민의학 동의보감
신재용(해성한의원 원장) 지음 / 신국판 / 476쪽 / 10,000원

치매 알면 치매 이긴다
배오성(백상한방병원 원장) 지음
신국판 / 312쪽 / 10,000원

21세기 건강혁명 밥상 위의 보약 생식
최경순 지음 / 신국판 / 348쪽 / 9,800원

기치유와 기공수련
윤한홍(기치유 연구회 회장) 지음
신국판 / 340쪽 / 12,000원

만병의 근원 스트레스 원인과 퇴치
김지혁(김지혁한의원 원장) 지음
신국판 / 324쪽 / 9,500원

김종성 박사의 뇌졸중 119
김종성 지음 / 신국판 / 356쪽 / 12,000원

탈모 예방과 모발 클리닉
장정훈 · 전재홍 지음 / 신국판 / 252쪽 / 8,000원

구태규의 100% 성공 다이어트
구태규 지음 / 4×6배판 변형 / 240쪽 / 9,900원

암 예방과 치료법
이춘기 지음 / 신국판 / 296쪽 / 11,000원

알기 쉬운 위장병 예방과 치료법
민영일 지음 / 신국판 / 328쪽 / 9,900원

이온 체내혁명
노보루 야마노이 지음 / 김병관 옮김
신국판 / 272쪽 / 9,500원

어혈과 사혈요법
정지천 지음 / 신국판 / 308쪽 / 12,000원

약손 경락마사지로 건강미인 만들기
고정환 지음 / 4×6배판 변형 / 284쪽 / 15,000원

생유생의 LOVE DIET
정유정 지음 / 4×6배판 변형 / 196쪽 / 10,500원

머리에서 발끝까지 예뻐지는 부분다이어트
신상만 · 김선민 지음 / 4×6배판 변형
196쪽 / 11,000원

알기 쉬운 심장병 119
박승정 지음 / 신국판 / 248쪽 / 9,000원

알기 쉬운 고혈압 119
이정균 지음 / 신국판 / 304쪽 / 10,000원

여성을 위한 부인과질환의 예방과 치료
차선희 지음 / 신국판 / 304쪽 / 10,000원

알기 쉬운 아토피 119
이승규 · 임승엽 · 김문호 · 안유일 지음
신국판 / 232쪽 / 9,500원

120세에 도전한다
이권행 지음 / 신국판 / 308쪽 / 11,000원

건강과 아름다움을 만드는 요가
정판식 지음 / 4×6배판 변형 / 224쪽 / 14,000원

우리 아이 건강하고 아름답게 롱다리 만들기
김성훈 지음 / 대국전판 / 236쪽 / 10,500원

알기 쉬운 허리디스크 예방과 치료
이종서 지음 / 대국전판 / 328쪽 / 12,000원

소아과 전문의에게 듣는 알기 쉬운 소아과 119
신영규 · 이강우 · 최성항 지음
4×6배판 변형 / 280쪽 / 14,000원

피가 맑아야 건강하게 오래 살 수 있다
김영찬 지음 / 신국판 / 256쪽 / 10,000원

웰빙형 피부 미인을 만드는 나만의 셀프 피부건강
양해원 지음 / 대국전판 / 144쪽 / 10,000원

내 몸을 살리는 생활 속의 웰빙 항암 식품
이승남 지음 / 대국전판 / 248쪽 / 9,800원

마음한글, 느낌한글
박완식 지음 / 4×6배판 / 300쪽 / 15,000원

웰빙 동의보감식 발마사지 10분
최미희 지음 / 신재용 감수
4×6배판 변형 / 204쪽 / 13,000원

아늑나운 몸, 건강한 몸을 위한 목욕 건강 30분
임하성 지음 / 대국전판 / 176쪽 / 9,500원

내가 만드는 한방생주스 60
김영섭 지음 / 국판 / 112쪽 / 7,000원

몸을 살리는 건강식품
백은희 · 조창호 · 최양진 지음
신국판 / 384쪽 / 11,000원

건강도 키우고 성적도 올리는 자녀 건강
김진돈 지음 / 신국판 / 304쪽 / 12,000원

알기 쉬운 간질환 119
이관식 지음 / 신국판 / 264쪽 / 11,000원

밥으로 병을 고친다
허봉수 지음 / 대국전판 / 352쪽 / 13,500원

알기 쉬운 신장병 119
김형규 지음 / 신국판 / 240쪽 / 10,000원

마음의 감기 치료법 우울증 119

이민수 지음 / 대국전판 / 232쪽 / 9,800원

관절염 119
송영욱 지음 / 대국전판 / 224쪽 / 9,800원

내 딸을 위한 **미성년 클리닉**
강병문 · 이향아 · 최정원 지음
국판 / 148쪽 / 8,000원

암을 다스리는 **기적의 치유법** 케이 세이헤이 감수
카와키 나리카즈 지음 / 민병수 옮김 /
신국판 / 256쪽 / 9,000원

스트레스 다스리기
대한불안장애학회 스트레스관리연구특별위원회 지음
신국판 / 304쪽 / 12,000원

천연 식초 건강법
건강식품연구회 엮음 / 신재용(해성한의원 원장) 감수
신국판 / 252쪽 / 9,000원

암에 대한 모든 것
서울아산병원 암센터 지음 / 신국판 / 360쪽 / 13,000원

알록달록 **컬러 다이어트**
이승남 지음 / 국판 / 248쪽 / 10,000원

당신도 부모가 될 수 있다
정병준 지음 / 신국판 / 268쪽 / 9,500원

키 10cm 더 크는 키네스 성장법
김양수 · 이종균 · 최형규 · 표재환 · 김문희 지음
대국전판 / 312쪽 / 12,000원

당뇨병 백과
이현철 · 송영득 · 안철우 지음
4×6배판 변형 / 396쪽 / 16,000원

호흡기 클리닉 119
박성학 지음 / 신국판 / 256쪽 / 10,000원

키 쑥쑥 크는 롱다리 만들기
롱다리 성장클리닉 원장단 지음
4×6배판 변형 / 256쪽 / 11,000원

내 몸을 살리는 건강식품
백은희 · 조창호 · 최양진 지음

신국판 / 368쪽 / 11,000원

내 몸에 맞는 운동과 건강
하철수 지음 / 신국판 / 264쪽 / 11,000원

알기 쉬운 척추 질환 119
김수연 지음 / 신국판 변형 / 240쪽 / 11,000원

베스트 닥터 박승정 교수팀의 심장병 예방과 치료
박승정 외 5인 지음 / 신국판 / 264쪽 / 10,500원

암 전이 재발을 막아주는 한방 신치료 전략
조종관 · 유화승 지음 / 신국판 / 308쪽 / 12,000원

식탁 위의 위대한 혁명 사계절 웰빙 식품
김진돈 지음 / 신국판 / 284쪽 / 12,000원

우리 교육의 창조적 백색혁명
원상기 지음 / 신국판 / 206쪽 / 6,000원

현대생활과 체육
조창남 외 5명 공저 / 신국판 / 340쪽 / 10,000원

퍼펙트 MBA
IAE유학네트 지음 / 신국판 / 400쪽 / 12,000원

유학길라잡이 Ⅰ - 미국편
IAE유학네트 지음 / 4×6배판 / 372쪽 / 13,900원

유학길라잡이 Ⅱ - 4개국편
IAE유학네트 지음 / 4×6배판 / 348쪽 / 13,900원

조기유학길라잡이.com
IAE유학네트 지음 / 4×6배판 / 428쪽 / 15,000원

현대인의 건강생활
박상호 외 5명 공저 / 4×6배판 / 268쪽 / 15,000원

천재아이로 키우는 두뇌훈련
나카마츠 요시로 지음 / 민병수 옮김
국판 / 288쪽 / 9,500원

두뇌혁명
나카마츠 요시로 지음 / 민병수 옮김
4×6판 양장본 / 288쪽 / 12,000원

테마별 고사성어로 익히는 한자
김경익 지음 / 4×6배판 변형 / 248쪽 / 9,800원

生생 공부비법
이은승 지음 / 대국전판 / 272쪽 / 9,500원

자녀를 성공시키는 **습관만들기**
배은경 지음 / 대국전판 / 232쪽 / 9,500원

한자능력검정시험 1급
한자능력검정시험연구위원회 편저
4×6배판 / 568쪽 / 21,000원

한자능력검정시험 2급
한자능력검정시험연구위원회 편저
4×6배판 / 472쪽 / 18,000원

한자능력검정시험 3급(3급II)
한자능력검정시험연구위원회 편

4×6배판 / 440쪽 / 17,000원

한자능력검정시험 4급(4급II)
한자능력검정시험연구위원회 편
4×6배판 / 352쪽 / 15,000원

한자능력검정시험 5급
한자능력검정시험연구위원회 편저
4×6배판 / 264쪽 / 11,000원

한자능력검정시험 6급
한자능력검정시험연구위원회 편저
4×6배판 / 168쪽 / 8,500원

한자능력검정시험 7급
한자능력검정시험연구위원회 편저
4×6배판 / 152쪽 / 7,000원

한자능력검정시험 8급
한자능력검정시험연구위원회 편저
4×6배판 / 112쪽 / 6,000원

볼링의 이론과 실기
이택상 지음 / 신국판 / 192쪽 / 9,000원

고사성어로 끝내는 천자문
조준상 글 · 그림 / 4×6배판 / 216쪽 / 12,000원

논술 종합 비타민
김종원 지음 / 신국판 / 200쪽 / 9,000원

내 아이 스타 만들기
김민성 지음 / 신국판 / 200쪽 / 9,000원

교육 1번지 강남 엄마들의 **수험생 자녀 관리**
황송주 지음 / 신국판 / 288쪽 / 9,500원

초등학생이 꼭 알아야 할 위대한 역사 상식
우진영 · 이양경 지음
4×6배판 변형 / 228쪽 / 9,500원

초등학생이 꼭 알아야 할 행복한 경제 상식
우진영 · 전선심 지음
4×6배판 변형 / 224쪽 / 9,500원

초등학생이 꼭 알아야 할 재미있는 과학상식
우진영 · 정경희 지음

4×6배판 변형 / 220쪽 / 9,500원

한자능력검정시험 3급 · 3급 II
한자능력검정시험연구위원회 편저
4×6판 / 380쪽 / 7,500원

교과서 속에 꼭꼭 숨어있는 이색박물관 체험
이신화 지음 / 대국전판 / 248쪽 / 12,000원

초등학생 독서 논술(저학년)
책마루 독서교육연구회 지음
4×6배판 변형 / 244쪽 / 14,000원

초등학생 독서 논술(고학년)
책마루 독서교육연구회 지음
4×6배판 변형 / 236쪽 / 14,000원

놀면서 배우는 경제
김솔 지음 / 대국전판 / 196쪽 / 10,000원

건강생활과 레저스포츠 즐기기
강선희 외 11명 공저 / 4×6배판 / 324쪽 / 18,000원

아이의 미래를 바꿔주는 좋은 습관
배은경 지음 / 신국판 / 216쪽 / 9,500원

다중지능 아이의 미래를 바꾼다
이소영 외 6인 지음 / 신국판 / 232쪽 / 11,000원

체육학 자연과학 및 사회과학 분야의 석 · 박사 학위 논문, 학술진흥재단 등재지, 등재후보지와 관련된 학회지 논문 작성법
하철수 · 김봉경 지음 / 신국판 / 336쪽 / 15,000원

공부가 제일 쉬운 공부 달인 되기
이은승 지음 / 신국판 / 256쪽 / 10,000원

김진국과 같이 배우는 **와인의 세계**
김진국 지음
국배판 변형 양장본(올컬러) / 208쪽 / 30,000원

배스낚시 테크닉
이종건 지음 / 4×6배판 / 440쪽 / 20,000원

나도 디지털 전문가 될 수 있다!!!
이승훈 지음 / 4×6배판 / 320쪽 / 19,200원

건강하고 아름다운 **동양란 기르기**
난마을 지음 / 4×6배판 변형 / 184쪽 / 12,000원

애완견114
황양원 엮음 / 4×6배판 변형 / 228쪽 / 13,000원

 경제 경영

CEO가 될 수 있는 성공법칙 101가지
김승룡 편역 / 신국판 / 320쪽 / 9,500원

정보소프트
김승룡 지음 / 신국판 / 324쪽 / 6,000원

기획대사전
다카하시 겐코 지음 / 홍영의 옮김
신국판 / 552쪽 / 19,500원

맨손창업 · 맞춤창업 BEST 74
양혜숙 지음 / 신국판 / 416쪽 / 12,000원

무자본, 무점포 창업! FAX 한 대면 성공한다
다카시로 고시 지음 / 홍영의 옮김
신국판 / 226쪽 / 7,500원

성공하는 기업의 **인간경영**
중소기업 노무 연구회 편저 / 홍영의 옮김
신국판 / 368쪽 / 11,000원

21세기 IT가 세계를 지배한다
김광회 지음 / 신국판 / 380쪽 / 12,000원

경제기사로 부자아빠 만들기
김기태 · 신현태 · 박근수 공저
신국판 / 388쪽 / 12,000원

포스트 PC의 주역 **정보가전과 무선인터넷**
김광회 지음 / 신국판 / 356쪽 / 12,000원

성공하는 사람들의 **마케팅 바이블**
채수명 지음 / 신국판 / 328쪽 / 12,000원

느린 비즈니스로 돌아가라
사카모토 게이이치 지음 / 정성호 옮김
신국판 / 276쪽 / 9,000원

적은 돈으로 큰돈 벌 수 있는 **부동산 재테크**
이원재 지음 / 신국판 / 340쪽 / 12,000원

바이오혁명
이주영 지음 / 신국판 / 328쪽 / 12,000원

성공하는 사람들의 **자기혁신 경영기술**
채수명 지음 / 신국판 / 344쪽 / 12,000원

CFO 교텐 토요오 · 다하라 오키시 지음
민병수 옮김 / 신국판 / 312쪽 / 12,000원

네트워크시대 네트워크마케팅
임동학 지음 / 신국판 / 376쪽 / 12,000원

성공리더의 7가지 조건
다이앤 트레이시 · 윌리엄 모건 지음
지창영 옮김 / 신국판 / 360쪽 / 13,000원

김종결의 성공창업
김종결 지음 / 신국판 / 340쪽 / 12,000원

최적의 타이밍에 **내 집 마련하는 기술**
이원재 지음 / 신국판 / 248쪽 / 10,500원

컨설팅 세일즈 *Consulting sales*
임동학 지음 / 대ună전판 / 336쪽 / 13,000원

연봉 10억 만들기
김농주 지음 / 국판 / 216쪽 / 10,000원

주5일제 근무에 따른 **한국형 주말창업**
최효진 지음 / 신국판 변형 양장본 / 216쪽 / 10,000원

돈 되는 땅 돈 안되는 땅
김영준 지음 / 신국판 / 320쪽 / 13,000원

돈 버는 회사로 만들 수 있는 109가지
다카하시 도시노리 지음 / 민병수 옮김
신국판 / 344쪽 / 13,000원

프로는 디테일에 강하다
김미현 지음 / 신국판 / 248쪽 / 9,000원

머니투데이 송복규 기자의 **부동산으로 주머니돈 100배 만들기**
송복규 지음 / 신국판 / 328쪽 / 13,000원

성공하는 슈퍼마켓&편의점 창업
나명환 지음 / 4×6배판 변형 / 500쪽 / 28,000원

대한민국 성공 재테크 **부동산 펀드와 리츠로 승부하라**
김영준 지음 / 신국판 / 256쪽 / 12,000원

마일리지 200% 활용하기
박성희 지음 / 국판 변형 / 200쪽 / 8,000원

1%의 가능성에 도전, **성공 신화를 이룬 여성 CEO**
김미현 지음 / 신국판 / 248쪽 / 9,500원

3천만 원으로 **부동산 재벌 되기**
최수길 · 이숙 · 조연희 지음
신국판 / 290쪽 / 12,000원

10년을 앞설 수 있는 **재테크**
노동규 지음 / 신국판 / 260쪽 / 10,000원

세계 최강을 추구하는 도요타 방식
나카야마 키요타카 지음 / 민병수 옮김
신국판 / 296쪽 / 12,000원

최고의 설득을 이끌어내는 **프레젠테이션**
조두환 지음 / 신국판 / 296쪽 / 11,000원

최고의 만족을 이끌어내는 **창의적 협상**
조강희 · 조원희 지음 / 신국판 / 248쪽 / 10,000원

New 세일즈 기법 물건을 팔지 말고 가치를 팔아라
조기선 지음 / 신국판 / 264쪽 / 9,500원

작은 회사는 전략이 달라야 산다
황문진 지음 / 신국판 / 312쪽 / 11,000원

돈되는 슈퍼마켓&편의점 창업전략(입지 편)
나명환 지음 / 신국판 / 352쪽 / 13,000원

25 · 35 꼼꼼 여성 재테크
정원훈 지음 / 신국판 / 224쪽 / 11,000원

대한민국 2030 독특하게 창업하라
이상헌 · 이호 지음 / 신국판 / 288쪽 / 12,000원

왕초보 주택 경매로 돈 벌기
천관성 지음 / 신국판 / 268쪽 / 12,000원

New 마케팅 기법 (실천편)
물건을 팔지 말고 가치를 팔아라 2
조기선 지음 / 신국판 / 240쪽 / 10,000원

퇴출 두려워 마라 홀로서기에 도전하라
신정수 지음 / 신국판 / 256쪽 / 11,500원

슈퍼마켓&편의점 창업 바이블
나명환 지음 / 신국판 / 280쪽 / 12,000원

위기의 한국 기업 재창조하라
신정수 지음 / 신국판 양장본 / 304쪽 / 15,000원

주 식

개미군단 대박맞이 주식투자
홍성걸 (한양증권 투자분석팀 팀장) 지음
신국판 / 310쪽 / 9,500원

알고 하자! **돈 되는 주식투자**
이길영 외 2명 공저 / 신국판 / 388쪽 / 12,500원

항상 당하기만 하는 개미들의 매도 · 매수타이밍
999% 적중 노하우
강경무 지음 / 신국판 / 336쪽 / 12,000원

부자 만들기 주식성공클리닉
이창희 지음 / 신국판 / 372쪽 / 11,500원

선물 · 옵션 이론과 실전매매
이창희 지음 / 신국판 / 372쪽 / 12,000원

너무나 쉬워 재미있는 주가차트
홍성무 지음 / 4×6배판 / 216쪽 / 15,000원

주식투자 직접 투자로 높은 수익을 올릴 수 있는 비결
김학균 지음 / 신국판 / 230쪽 / 11,000원

역대 연봉 증권맨이 말하는 슈퍼 개미의 수익 나는 원리
임정규 지음 / 신국판 / 248쪽 / 12,500원

역 학

역리종합 만세력
정도명 편저 / 신국판 / 532쪽 / 10,500원

작명대전
정보국 지음 / 신국판 / 460쪽 / 12,000원

하락이수 해설
이천교 편저 / 신국판 / 620쪽 / 27,000원

현대인의 창조적 **관상과 수상**
백운산 지음 / 신국판 / 344쪽 / 9,000원

대운용신영부적
정재원 지음 / 신국판 양장본 / 750쪽 / 39,000원

사주비결활용법
이세진 지음 / 신국판 / 392쪽 / 12,000원

컴퓨터세대를 위한 新 **성명학대전**
박용찬 지음 / 신국판 / 388쪽 / 11,000원

길흉화복 꿈풀이 비법
백운산 지음 / 신국판 / 410쪽 / 12,000원

새천년 **작명컨설팅**
정재원 지음 / 신국판 / 492쪽 / 13,900원

백운산의 **신세대 궁합**
백운산 지음 / 신국판 / 304쪽 / 9,500원

동자삼 작명학
남시모 지음 / 신국판 / 496쪽 / 15,000원

구성학의 기초
문길여 지음 / 신국판 / 412쪽 / 12,000원

소울음소리
이건우 지음 / 신국판 / 314쪽 / 10,000원

법률일반

여성을 위한 성범죄 법률상식
조명원(변호사) 지음 / 신국판 / 248쪽 / 8,000원

아파트 난방비 75% 절감방법
고영근 지음 / 신국판 / 238쪽 / 8,000원

일반인이 꼭 알아야 할 절세전략 173선
최성호(공인회계사) 지음 / 신국판 / 392쪽 / 12,000원

변호사와 함께하는 부동산 경매
최환주(변호사) 지음 / 신국판 / 404쪽 / 13,000원

혼자서 쉽고 빠르게 할 수 있는 소액재판
김재용 · 김종철 공저 / 신국판 / 312쪽 / 9,500원

"술 한 잔 사겠다"는 말에서 찾아보는 채권 · 채무

알기쉬운 부동산 세무 길라잡이
이건우(세무서 재산계장) 지음
신국판 / 400쪽 / 13,000원

알기쉬운 어음, 수표 길라잡이
변환철(변호사) 지음 / 신국판 / 328쪽 / 11,000원

제조물책임법
강동근(변호사) · 윤종성(검사) 공저
신국판 / 368쪽 / 13,000원

알기 쉬운 주5일근무에 따른 임금 · 연봉제 실무
문강분(공인노무사) 지음
4×6배판 변형 / 544쪽 / 35,000원

변환철(변호사) 지음 / 신국판 / 408쪽 / 13,000원

변호사 없이 당당히 이길 수 있는 형사소송
김대환 지음 / 신국판 / 304쪽 / 13,000원

변호사 없이 당당히 이길 수 있는 민사소송
김대환 지음 / 신국판 / 412쪽 / 14,500원

혼자서 해결할 수 있는 교통사고 Q&A
조명원(변호사) 지음 / 신국판 / 336쪽 / 12,000원

알기 쉬운 개인회생 · 파산 신청법
최재구(법무사) 지음 / 신국판 / 352쪽 / 13,000원

생활법률

부동산 생활법률의 기본지식
대한법률연구회 지음 / 김원중(변호사) 감수
신국판 / 472쪽 / 13,000원

고소장 · 내용증명 생활법률의 기본지식
하태웅(변호사) 지음 / 신국판 / 440쪽 / 12,000원

노동 관련 생활법률의 기본지식
남동희(공인노무사) 지음 / 신국판 / 528쪽 / 14,000원

외국인 근로자 생활법률의 기본지식
남동희(공인노무사) 지음 / 신국판 / 400쪽 / 12,000원

계약작성 생활법률의 기본지식
이상도(변호사) 지음 / 신국판 / 560쪽 / 14,500원

지적재산 생활법률의 기본지식
이상도(변호사) · 조의제(변리사) 공저
신국판 / 496쪽 / 14,000원

부당노동행위와 부당해고 생활법률의 기본지식
박영수(공인노무사) 지음 / 신국판 / 432쪽 / 14,000원

주택 · 상가임대차 생활법률의 기본지식
김운용(변호사) 지음 / 신국판 / 480쪽 / 14,000원

하도급거래 생활법률의 기본지식
김진홍(변호사) 지음 / 신국판 / 440쪽 / 14,000원

이혼소송과 재산분할 생활법률의 기본지식
박동섭(변호사) 지음 / 신국판 / 460쪽 / 14,000원

부동산등기 생활법률의 기본지식
정상태(법무사) 지음 / 신국판 / 456쪽 / 14,000원

기업경영 생활법률의 기본지식
안동섭(단국대 교수) 지음 / 신국판 / 466쪽 / 14,000원

교통사고 생활법률의 기본지식
박정무(변호사) · 전병찬 공저
신국판 / 480쪽 / 14,000원

소송서식 생활법률의 기본지식
김대환 지음 / 신국판 / 480쪽 / 14,000원

호적 · 가사소송 생활법률의 기본지식

정주수(법무사) 지음 / 신국판 / 516쪽 / 14,000원

상속과 세금 생활법률의 기본지식
박동섭(변호사) 지음 / 신국판 / 480쪽 / 14,000원

담보 · 보증 생활법률의 기본지식
류창호(법학박사) 지음 / 신국판 / 436쪽 / 14,000원

소비자보호 생활법률의 기본지식
김성천(법학박사) 지음 / 신국판 / 504쪽 / 15,000원

판결 · 공정증서 생활법률의 기본지식
정상태(법무사) 지음 / 신국판 / 312쪽 / 13,000원

산업재해보상보험 생활법률의 기본지식
정유석(공인노무사) 지음 / 신국판 / 384쪽 / 14,000원

처세

성공적인 삶을 추구하는 여성들에게 우먼파워
조안 커너 · 모이라 레너 공저 / 지창영 옮김
신국판 / 352쪽 / 8,800원

聽 이익이 되는 말 話 손해가 되는 말
우메시마 미요 지음 / 정성호 옮김
신국판 / 304쪽 / 9,000원

성공하는 사람들의 화술테크닉
민영욱 지음 / 신국판 / 320쪽 / 9,500원

부자들의 생활습관 가난한 사람들의 생활습관
다케우치 야스오 지음 · 홍영의 옮김
신국판 / 320쪽 / 9,800원

코끼리 귀를 당긴 원숭이-히딩크식 창의력을 배우자
강충인 지음 / 신국판 / 208쪽 / 8,500원

성공하려면 유머와 위트로 무장하라
민영욱 지음 / 신국판 / 292쪽 / 9,500원

등소평의 오뚝이전략
조창남 편저 / 신국판 / 304쪽 / 9,500원

노무현 화술과 화법을 통한 이미지 변화
이현정 지음 / 신국판 / 320쪽 / 10,000원

성공하는 사람들의 토론의 법칙

민영욱 지음 / 신국판 / 280쪽 / 9,500원

사람은 칭찬을 먹고산다
민영욱 지음 / 신국판 / 268쪽 / 9,500원

사과의 기술
김농주 지음 / 신국판 변형 양장본 / 200쪽 / 10,000원

취업 경쟁력을 높여라
김농주 지음 / 신국판 / 280쪽 / 12,000원

유비쿼터스시대의 블루오션 전략
최양진 지음 / 신국판 / 248쪽 / 10,000원

나만의 블루오션 전략-화술편
민영욱 지음 / 신국판 / 254쪽 / 10,000원

희망의 씨앗을 뿌리는 20대를 위하여
우광균 지음 / 신국판 / 172쪽 / 8,000원

끌리는 사람이 되기위한 이미지 컨설팅
홍순아 지음 / 대국전판 / 194쪽 / 10,000원

글로벌 리더의 소통을 위한 스피치
민영욱 지음 / 신국판 / 328쪽 / 10,000원

오바마처럼 꿈에 미쳐라
정영순 지음 / 신국판 / 208쪽 / 9,500원

여자 30대, 내 생애 최고의 인생을 만들어라
정영순 지음 / 신국판 / 256쪽 / 11,500원

인맥의 달인을 넘어 인맥의 神이 되라
서필환 · 봉은희 지음 / 신국판 / 304쪽 / 12,000원

아임 파인(I'm Fine!)
오오카와 류우호오 지음 / 4×6판 / 152쪽 / 8,000원

미셸 오바마처럼 사랑하고 성공하라
정영순 지음 / 신국판 / 224쪽 / 10,000원

용기의 법
오오카와 류우호오 지음 / 국판 / 208쪽 / 10,000원

명상

명상으로 얻는 깨달음
달라이 라마 지음 / 지창영 옮김
국판 / 320쪽 / 9,000원

어학

2진법 영어
이상도 지음 / 4×6배판 변형 / 328쪽 / 13,000원

한 방으로 끝내는 영어
고제윤 지음 / 신국판 / 316쪽 / 9,800원

한 방으로 끝내는 영단어
김승엽 지음 / 김수경 · 카렌다 감수
4×6배판 변형 / 236쪽 / 9,800원

해도해도 안 되던 영어회화 하루에 30분씩 90일이면 끝낸다
Carrot Korea 편집부 지음
4×6배판 변형 / 260쪽 / 11,000원

바로 활용할 수 있는 **기초생활영어**
김수경 지음 / 신국판 / 240쪽 / 10,000원

바로 활용할 수 있는 **비즈니스영어**
김수경 지음 / 신국판 / 252쪽 / 10,000원

생존영어55
홍일록 지음 / 신국판 / 224쪽 / 8,500원

필수 여행영어회화
한현숙 지음 / 4×6판 변형 / 328쪽 / 7,000원

필수 여행일어회화
윤영자 지음 / 4×6판 변형 / 264쪽 / 6,500원

필수 여행중국어회화
이은진 지음 / 4×6판 변형 / 256쪽 / 7,000원

영어로 배우는 중국어
김승엽 지음 / 신국판 / 216쪽 / 9,000원

필수 여행 스페인어회화
유연창 지음 / 4×6판 변형 / 288쪽 / 7,000원

바로 활용할 수 있는 **홈스테이 영어**
김형주 지음 / 신국판 / 184쪽 / 9,000원

필수 여행 러시아어회화
이은수 지음 / 4×6판 변형 / 248쪽 / 7,500원

여행

우리 땅 우리 문화가 살아 숨쉬는 **옛터**
이형권 지음 / 대국전판(올컬러) / 208쪽 / 9,500원

아름다운 산사
이형권 지음 / 대국전판(올컬러) / 208쪽 / 9,500원

맛과 멋이 있는 낭만의 **카페**
박성찬 지음 / 대국전판(올컬러) / 168쪽 / 9,900원

한국의 숨어 있는 아름다운 **풍경**
이종원 지음 / 대국전판(올컬러) / 208쪽 / 9,900원

사람이 있고 자연이 있는 아름다운 **명산**
박기성 지음 / 대국전판(올컬러) / 176쪽 / 12,000원

마음의 고향을 찾아가는 여행 **포구**
김인자 지음 / 대국전판(올컬러) / 224쪽 / 14,000원

생명이 살아 숨쉬는 한국의 아름다운 **강**
민병준 지음 / 대국전판(올컬러) / 168쪽 / 12,000원

틈나는 대로 세계여행
김재관 지음

4×6배판 변형(올컬러) / 368쪽 / 20,000원

풍경 속을 걷는 즐거움 **명상 산책**
김인자 지음 / 대국전판(올컬러) / 224쪽 / 14,000원

3, 3, 7 세계여행
김완수 지음
4×6배판 변형(올컬러) / 280쪽 / 12,900원

레포츠

수열이의 브라질 축구 탐방 **삼바 축구, 그들은 강하다**
이수열 지음 / 신국판 / 280쪽 / 8,500원

마라톤, 그 아름다운 도전을 향하여
빌 로저스 · 프리실라 웰치 · 조 헨더슨 공저
오인환 감수 / 지창영 옮김
4×6배판 / 320쪽 / 15,000원

인라인스케이팅 100%즐기기
임미숙 지음 / 4×6배판 변형 / 172쪽 / 11,000원

스키 100% 즐기기
김동환 지음 / 4×6배판 변형 / 184쪽 / 12,000원

태권도 총론
하웅의 지음 / 4×6배판 / 288쪽 / 15,000원

수영 100% 즐기기
김종만 지음 / 4×6배판 변형 / 248쪽 / 13,000원

건강을 위한 **웰빙 걷기**
이강옥 지음 / 대국전판 / 280쪽 / 10,000원

쉽고 즐겁게! 신나게! 배우는 **재즈댄스**
최재선 지음 / 4×6배판 변형 / 200쪽 / 12,000원

해양스포츠 카이트보딩
김남용 편저 / 신국판(올컬러) / 152쪽 / 18,000원

골프

퍼팅 메커닉
이근택 지음 / 4×6배판 변형 / 192쪽 / 18,000원

아마골프 가이드
정영호 지음 / 4×6배판 변형 / 216쪽 / 12,000원

골프 100타 깨기
김준모 지음 / 4×6배판 변형 / 136쪽 / 10,000원

골프 90타 깨기
김광섭 지음 / 4×6배판 변형 / 148쪽 / 11,000원

KLPGA 최여진 프로의 센스 골프
최여진 지음
4×6배판 변형(올컬러) / 188쪽 / 13,900원

KTPGA 김준모 프로의 파워 골프
김준모 지음
4×6배판 변형(올컬러) / 192쪽 / 13,900원

골프 80타 깨기
오태훈 지음 / 4×6배판 변형 / 132쪽 / 10,000원

신나는 골프 세상
유응열 지음 / 4×6배판 변형(올컬러) / 232쪽 / 16,000원

이신 프로의 더 퍼펙트
이신 지음 / 국배판 변형 / 336쪽 / 28,000원

주니어출신 박영진 프로의 주니어골프
박영진 지음
4×6배판 변형(올컬러) / 164쪽 / 11,000원

골프손자병법
유응열 지음
4×6배판 변형(올컬러) / 212쪽 / 16,000원

박영진 프로의 주말 골퍼 100타 깨기
박영진 지음
4×6배판 변형(올컬러) / 160쪽 / 12,000원

10타 줄여주는 클럽 피팅
현세용 · 서주석 공저
4×6배판 변형 / 184쪽 / 15,000원

단기간에 싱글이 될 수 있는 원포인트 레슨
권용진 · 김준모 지음
4×6배판 변형(올컬러) / 152쪽 / 12,500원

이신 프로의 더 퍼펙트 쇼트 게임
이신 지음
국배판 변형(올컬러) / 248쪽 / 20,000원

인체에 가장 잘 맞는 **스킨 골프**
박길석 지음
국배판 변형 양장본(올컬러) / 312쪽 / 43,000원

여성실용

결혼준비, 이제 놀이가 된다
김창규 · 김수경 · 김정철 지음
4×6배판 변형(올컬러) / 230쪽 / 13,000원

아동

꿈도둑의 비밀
이소영 지음 / 신국판 / 136쪽 / 7,500원

KLPGA
최여진 프로의 센스골프

2005년 10월 25일 제1판 1쇄 발행
2009년 9월 20일 제1판 2쇄 발행

지은이/최여진
펴낸이/강선희
펴낸곳/가림출판사

등록/1992. 10. 6. 제4-191호
주소/서울시 광진구 구의동 57-71 부원빌딩 4층
대표전화/458-6451   팩스/458-6450
홈페이지 http://www.galim.co.kr
e-mail galim@galim.co.kr

값 13,900원

ⓒ 최여진, 2005

무단 복제 · 전재를 절대 금합니다.

ISBN 978-89-7895-214-9 03690

가림출판사 · 가림M&B · 가림Let's의 홈페이지(http://www.galim.co.kr)에 들
어오시면 가림출판사 · 가림M&B · 가림Let's의 신간도서 및 출간 예정 도서를
포함한 모든 책들을 만나실 수 있습니다.
온라인 서점을 통하여 직접 도서 구입도 하실 수 있으며 가림 홈페이지 내에서
전국 대형 서점들의 사이트에 링크하시어 종합 신간 안내 및 각종 도서 정보,
책과 관련된 문화 정보를 받아보실 수 있습니다.
또한 홈페이지 방문시 회원으로 가입하시면 신간 안내 자료를 보내드립니다.